JN278242

戦争という仕事

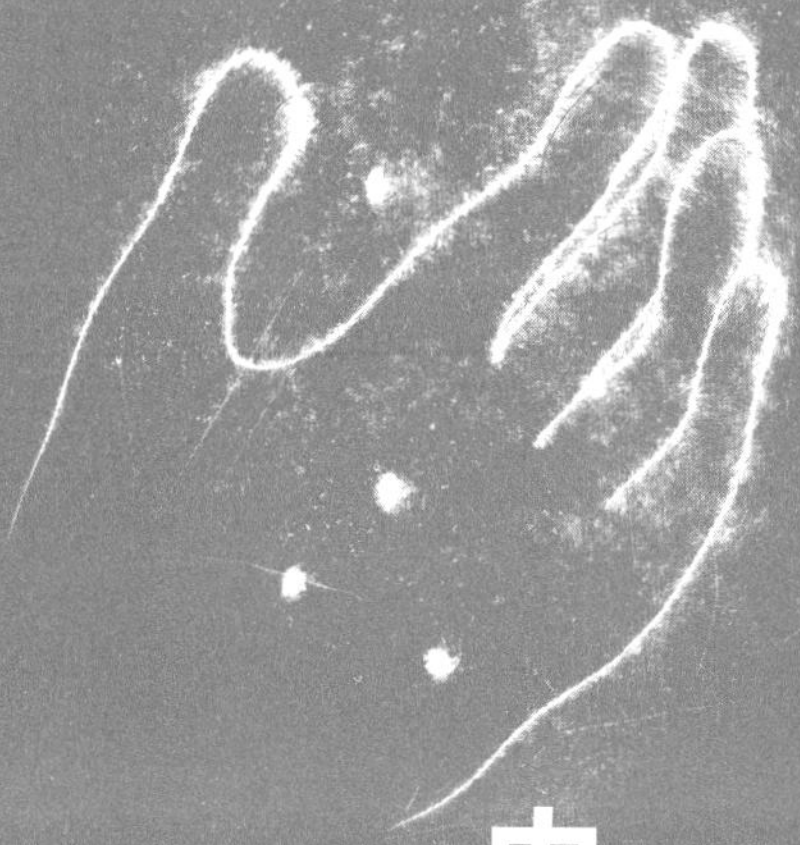

内山 節

Uchiyama Takashi

信濃毎日新聞社

はじめに

仕事がこわれていく。そんな感覚が今日の私たちのなかにはある。いや、そんなはずはない。多くの人たちは、いまも自分の仕事を大事にし、真面目《まじめ》に働いているではないか。ボランタリーな仕事をつくる人々もふえ、日本という「労働社会」はその歯車をとめずにいる。だが、その歯車から聴こえてくる音は心地よい音ではなく、ギスギスしたきしむ音。その音のなかに、こわれていく何かを感じている。それが現在の私たちの仕事に対する感覚になろうとしている。

一方では、フリーター的なかたちで働く人々がふえてきている。そこから新しい格差社会が生まれていることも間違いない。ところが、他方で、生業を持つ人や安定的に雇用されている人たちもまた、ときに苦しげな、ときに虚《むな》しい、ときに不快な音をたてている。

なぜそうなってしまったのだろう。その原因のひとつが今日の市場経済の仕組みにあることは確かだ。しかし、そう語って終わらせてしまうことは十分ではない。今日の市場経済と結んでいる人間のあり方、国家、社会、世界のかたち、それらと不可分の関係にある近-現代思想がその背後にはある。いわば私たちは、近-現代史のひとつの到達点として、疲れと、虚しさと、他者に尊重されることのない自己満足に包まれた仕事のなかに身をおくようになった。そのことが、私たちの社会や精神をどのように変容させているのか。

本書は二〇〇四年一月から二〇〇五年十二月までの二年間、信濃毎日新聞で連載された『哲学の構想力―「仕事」をめぐって』から構成されている。連載のテーマは「仕事」であり、仕事とは何か、現在の仕事はどのような構造のなかにあるのか、仕事と思想はどんな結びつきを持っているのか、仕事と自然、地域、人間、歴史、文化との関係とはといった、さまざまな話題を追いかけるかたちで計画された。

その第一章に私は、本書の書名でもある『戦争という仕事』をおいた。現代の戦争を人間たちの寒々とした仕事のひとつとしてとらえたとき、そこから何がみえてくるのかから今日の仕事について語りはじめようと思った。戦争という仕事が現在の私たちの仕事の根本的な何かを象徴しているとするなら、私たちはどんな時代性のなかで生きているのか。

二〇〇六年八月

著　者

目次

銅版画　樋勝　朋巳

装　丁　青木　和恵

第一章　戦争という仕事

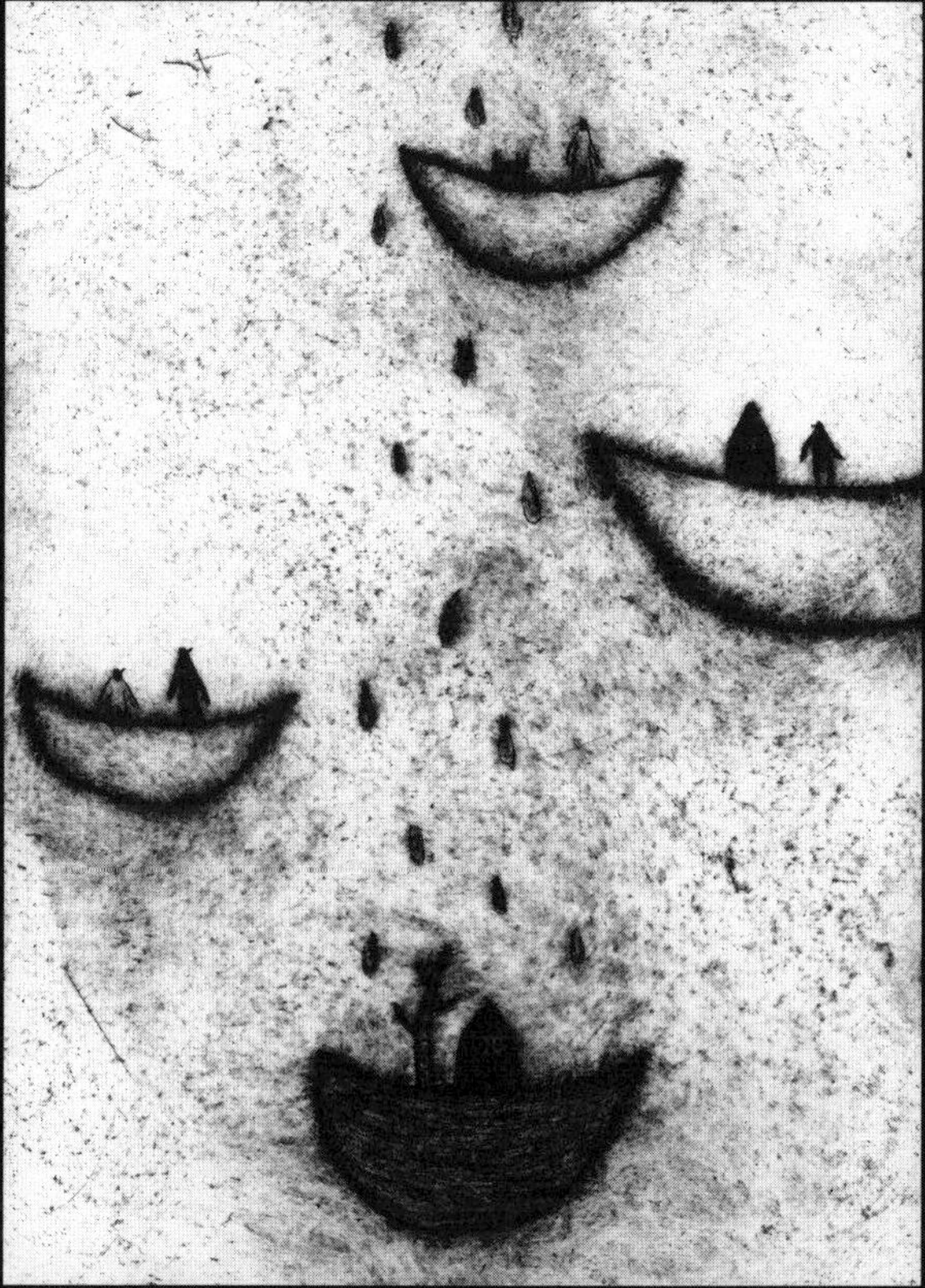

頽廃

二〇〇三年三月、アメリカ軍がイラクへの侵攻を開始したとき、一人の女性兵士がイラク側の捕虜になった。その事実が伝えられたとき、女性兵士の母親が報道陣を前にして次のように語っていた。〈戦争は田舎娘にとっては千載一遇のチャンスだったのに〉

出世の機会が少ない田舎の娘にとっては、戦争はチャンスだった。その女性兵士は後に救出され、手記を発表して巨額の富を手にする。

この母親の発言に、人間としての頽廃《たいはい》をみるのは容易である。だが、と私は敢《あ》えて問うてみようと思う。私たちの時代は、この発言を本当に批判することができるのだろうかと。

兵士として働くこともひとつの仕事を得ることだと考えれば、同じようなことを現代の仕事の世界は大なり小なり内包させている。仕事を私たちの暮らす世界をつくるための有用性や有効性からとらえるのではなく、自分の利益や出世の道具にしてしまったのが現代ではなかったのか。

だとすれば、「戦争という仕事」を出世の道具としてとらえる人々と似たような仕事観を、私たちの時代は持っていることになる。自分の利益のために、自然をふくむ他者の世界を破壊してきたのが現代人の姿である。この母親と共通する仕事観を現代の仕事の世界は持っている。同じ年の十二月日本のイラクへの派兵が決まったとき、テレビに登場した自衛隊の兵士は次のように語っている。〈我々は命令が下ればそれに従うだけです〉

兵士である以上、命令に従うのが仕事だというのであろう。とすればこの発言にも重要なものが抜け落ちている。その欠落とは、自分の仕事がどんな役割をはたしてしまうのかに対する、自分の判断である。自分の仕事が社会にどんな有用性やマイナスを与えるのかを問うことなく、つまりそのことに対する判断を棚上げして命令に従うのが仕事だと納得することのなかに、仕事の頽廃は存在してはいないだろうか。

だが、とここでも私は敢えて問うてみようと思う。私たちの時代は、この自衛隊の兵士と似たような仕事観を持っているのではないかと。自分の仕事が社会にどんな影響を与えるのかについて深く考えることもなく、それが仕事だからと企業や役所の方針に従ってきたのが現代の仕事の一面である。

二十世紀は戦争の世紀でもあった。実際、これほどまでに大規模な戦争が繰り返されてきた百年間は過去に例がなかった。その二十世紀が終わり、二十一世紀になっても、状況は変わろうとはしない。なぜ私たちの時代は戦争をつづけるのか。それは戦争と同質の論理を、私たちの社会が内蔵させているからではないのか。

経済社会は市場における闘いを肯定している。子どもの頃から、私たちは受験との闘いにまきこまれてきた。少し前までは、文明を築くためには自然との闘いが必要だと語られてきた。人間の生きる過程が闘いの過程であるようにとらえられ、成功とは闘いの勝利者になることであった。

そして、その奥で、仕事の頽廃が確実にすすんでいたような気が私にはする。命令に従うことや、闘いに勝つこと、チャンスを自分のものにすることが仕事になり、自分の仕事がどんな社会性を持つのかを顧みることは少なくなった。その状況のなかで、「戦争という仕事」も遂行されていく。

こんな思いをいだきながら、私はこの原稿を書き出そうと思う。私たちの仕事はどのように変わり、どのように頽廃していったのかという視点を軸にして、現代世界とは何かを、人間とは何かを考察する。あるいは、仕事がどのように改革されるとき、自然と人間が無事に暮らせる世界がつくれるのかを構想していく。

仕事の頽廃から解放されないかぎり現代社会の矛盾は解決できないのではないか、という思いを出発点にして。

熱　狂

今日の状況のなかには、次のような一面があると私は考えている。

かつての社会を振り返ってみると、人々がおこなう仕事の奥にはある種の熱狂や喜び、楽しみといったものがあって、それらが仕事を支えていた。たとえば、戦後の高度成長や技術革新が展開していた一九五〇年代後半からのおよそ二十年間はどうだっただろうか。この時代には経済力や技術の力によって新しい日本の社会をつくり、暮らしをも豊かにしていくという一種の社会的熱狂がひろがっていた。その雰囲気が、当時の仕事のあり方を支えていたといってもよい。

農民や職人、商人などの自営の人々の仕事や、町工場で働く人々の仕事には、仕事の喜びや楽しさが内蔵されていて、それがなければ、これらの仕事は消えていたかもしれない。

それがどれほど忌《い》まわしい仕事であったとしても、戦争もまた人間がおこなった仕事のひとつだとすれば、この仕事を支えたものも、その時代の社会的熱狂である。アジアの解放、八紘《はっこう》一宇《いちう》、大東亜共栄圏といった言葉に集約されていく社会的熱狂がなければ、昭和初期の一連の「戦争という仕事」は遂行できなかったかもしれない。

もちろん、昭和初期の戦争がそうであったように、社会的熱狂は、ときに大きな誤りに人々を導くこともある。戦後の高度成長に対しても、いまでは私たちは、この時代を経過したことによって得たもの、失ったものを冷静に振り返っている。自然や地域社会の破壊、経済的価値がすべてであるかのようになってしまった精神的風土の出現。当時の熱狂は、あの時代が生みだしていたマイナス面をみえなくする役割をはたしたといってもよい。

その時代の仕事のあり方を支えたある種の熱狂や、仕事のなかにあった喜びや楽しみ。だが、このような視点からみれば、今日の状況はずいぶん変わってきている。

イラクへの派兵がすすめられている。日本の国内を納得させるためにどのような説明をしようとも、国際的にみれば、それは日本の軍隊の戦地への派兵であり、アメリカの同盟軍として、軍人としての仕事をすることでしかない。戦後の日本が否定してきた仕事を、日本の名において開始するのである。

ところが、それなのに、派兵を推進している側にも、反対している側にも、熱狂が感じとれない。イラクへの派兵を突破口にして、戦後のタブーを打ち破り、新しい日本をつくるのだというおぞましい熱狂もなければ、それを阻止しなければどうにもならないという高揚や熱狂もない。むしろ、仕方がないから派兵するという雰囲気と、困ったことだという雰囲気だけが、よどんだ水のように漂っている。どちらもが疲れきった表情をして、である。

そして、不気味なのは、こんなふうに熱狂という支えも、喜びや楽しみという支えもないのに、「戦争という仕事」が、確実に日本人の仕事のひとつとして展開されはじめたという現実である。このかたちは、かつてのものとは根本的に違う。

もちろん、この状況と、今日の私たちの日々の仕事の状況とを、ダブらせてとらえることは容易である。いつの間にか、私たちの仕事自体が、熱狂も喜びも楽しみも伴うことなく、スケジュールをこなすものへと変わってきている。そのようなものに仕事が変わってきた時代には、「戦争という仕事」もまたスケジュールをこなすといった雰囲気で展開されていくのだろうか。何のために、そのスケジュールをこなさなければならないかを深く考察することもなく。

昭和初期には、戦時増産などに向かって熱狂していく仕事と、「戦争という仕事」との間に、ある種の共有されているものがあった。今日では、別の不気味な共有されたものがある。その意味では、「戦争という仕事」のあり方は、その時代の特殊な仕事の性格を示してはいない。

そして、だとするなら、この新しい状況を、私たちはどのように解いたらよいのだろうか。

虚構

近代国家が形成されてから以降の「戦争という仕事」には、ひとつの約束事がある。それは、軍隊の規模、戦争の開始や基本的な戦略、終戦などは政治の側が決めることであって、軍人はこれらのことに対して、判断や意思決定をしてはならないという約束事である。

もちろん、軍が政治への影響力を確立しようとすることも、軍と政治の間に緊張関係が生じることもある。しかし、建前としては、軍人は戦場での許された現場の判断以上のことは、つまり戦争の是非をふくむ基本的な判断は、放棄しなければいけないことになっている。

この約束事は、戦後の日本では、文民統制という言葉で語られてきた。もちろん昭和初期の日本のように、軍の暴走によって戦火が拡大したのではたまらないが、とすると近代国家は、自分の仕事である戦争の是非を判断してはいけない軍人を大量に保有することによって、成り立っていることになる。

そう考えていくと、私はこの仕事のかたちがつくりだしている、ある種の問題点を問わなければいけない気持ちになってくる。それは整理すれば次のようなことである。

現実の問題としては、軍人が自分で判断し、勝手に戦争をはじめられたのでは困る。しかし、にもかかわらず、判断を捨て去ることによって成り立つ仕事が人間の仕事として肯定されてよいのだろうかという問いを、私は発しておいてもよいという気がする。しかも、自分の行為の是非を判断しないことによって成り立つ仕事が存在することに支えられて、機能している国家や社会があるという現実を、私たちはどう考えたらよいのだろうか。

私は、人間的に生きることと、人間的に働くこととは一体のものだと考えてきた。もちろん、ここでいう「働く」とは、市場経済とかかわる労働だけではなく、家庭での仕事も、地域や自然を守る仕事なども幅広くふくまれるが、誇りを持って人間的に働くことと、誇り高く生きることとは、強い結びつきを持っている、と。

そして、誇り高く人間的に働くためには、自分の労働がはたしている役割を自分で判断し、労働のあり方も自分で工夫できる、つまり、判断し考える部分と具体的な作業の部分とが、自分たちの手のなかにある必要性があるだろう。それぞれの人々が自分の労働の主人公になれなければ、労働に誇りを持つことはできようもない。

ところが近代国家における軍人という仕事は、この可能性を閉じている。自分で判断してはならず、仕事は命令に従うかたちでしか成立しない。

もっともこのように述べれば、次のような反論にあうかもしれない。それは、軍人もまた自分の仕事に誇りを持っているという反論である。だが軍人としての誇りは、国家や政治が正しい判断をしているという前提がなければ成立しない。正しい判断にもとづいて下された命令に従うという前提があってはじめて、正しいことを実行しているという仕事の誇りは生まれるはずである。

ところが、歴史を振り返れば、国家や政治が誤った判断をした例は、枚挙にいとまがないほどある。とすると、「戦争という仕事」は、国家や政治はつねに正しい判断を下しているという虚構を成立させることによって、「虚構の労働の誇り」を生みだすことになる。

この構図は、現代の労働の世界と共通性を持ってはいないだろうか。企業は正しい活動をしているという「虚構」、役所や組織は正しい活動をしているという「虚構」、この「虚構」があってこそ、私たちはその命令の下で働くことに誇りを感じることができる。

この視点に立つかぎり、「戦争という仕事」は現代における特殊なものではなく、今日の仕事の世界を象徴している。だから私は、戦争を、そこでおこなわれている仕事とは何か、という視線で考察してみたい。なぜなら、戦争という犯罪のなかに、現代の病理が隠されていると思うからである。

「正　義」

人間同士の争いという行為はおそらく、人が誕生して以来の長い歴史を持っているのだろうと思う。といっても、そういう一般的な争いと戦争は同じではない。

戦争は、ある権力が他の権力を破壊する行為である。つまり、戦争は人間の社会に権力構造が生まれてから以降に発生したのであって、長い人類史においては、戦争のない時代のほうがはるかに長かった。たとえば日本の社会に権力構造が生まれるのは、歴史学の常識にしたがえば、弥生時代以降のことである。

さらにその戦争の内容も、いつの時代でも同じではなかった。昔の戦争と、ヨーロッパ近世に絶対君主制が生まれてから以降の戦争とではその内容が異なっている。

昔の戦争は、「敵」の権力構造を破壊してしまえばそれで終わりだった。日本の戦国時代をみても、敵となった国（大名）の権力構造が破壊されれば、そこが別の権力の領地になって戦争は終わる。そのとき、その領地の領民の生き方は基本的に変わらない。圧倒的な多数派であった農民は農民のままである。農民たちがつくりあげた地域の営みや文化、精神は、それまでどおりである。

もちろん古代のヨーロッパやその周辺などでは、敗《ま》けた側の男性が奴隷となる場合もあったが、それでも残った人々は、それぞれの地域で変わることのない営みをつづけていた。

ところが、絶対君主制が成立してから以降の戦争は、そうはいかない。戦争の目的に、その地域の社会や文化、歴史、記憶を破壊することが加わった。その地域の人々の基層文化を破壊することによって、その地域を支配する方向にむかったのである。植民地支配は、その典型的なかたちであった。帝国主義者たちは、被植民地の社会システムだけではなく、ときに言語をもふくめて、その地域の歴史的な蓄積のすべてを消滅させようと試みた。日本のおこなった植民地支配をみても、日本語教育、創氏改名《そうしかいめい》などの皇民化政策が推進されている。

最も徹底したかたちでこの政策を推進したのはアメリカであった。アメリカに渡った植民地主義者たちは、先住民の営みや文化、歴史、記憶を破壊しつくすことによって、「新生アメリカ」を誕生させている。アメリカ的価値観を受け入れないすべての人々を消滅させることによって、「アメリカの誕生をめぐる戦争」に勝利したのである。異文化の抹殺という戦争の勝利がアメリカをつくりだしたのであり、もしもこのことへの批判を受け入れたならば、アメリカは建国のアイデンティティーを失う。

ヨーロッパに絶対君主制が成立してから以降の戦争には、このような性格が加わっている。その地域の人々の基層文化を破壊すること、そのことによって自分たちの価値基準にもとづいて社会をつくり変え、新しい支配のかたちをつくりだす。そしてこの目的をとげるために、「戦争という仕事」に多くの非軍人が参加するようになる。

その非軍人たちは、ときにその地域の経済改革をめざす民間人だったり、経済援助をおこなう人々や、現地の子どもたちを教える教師、その地域の将来計画をつくる研究員や学者だったりする。そうやって、経済や社会、教育や芸術、医学や情報の伝達などのすべてを変えながら、その地域の基層文化を抹殺していくようになったのである。こうして悪意に満ちた「戦争という仕事」と、自分たちの価値観を正しいと考えておこなわれる善意の「戦争という仕事」とが、協力しあって展開する戦争の時代が生まれた。

この戦争を支えているものは、自分たちは正義を実現しようとしているという意識である。だから、戦争を支持するかたちで消極的に戦争に参加する人たちも、民間人として「戦争という仕事」を担う人たちも、自分自身の行為を肯定することができる。

とすると、戦争がこのような性格を持っている時代では、イラクに派遣された自衛隊が戦闘要員なのか非戦闘要員なのかは、どちらでも同じだということにはならないか。なぜなら、その地域に自分たちの価値観を根付かせ、そのことによって支配を実現する現代の戦争の構造のなかに、彼らは組みこまれているのだから、である。

記憶

戦争について考えるとき、私は、かつて多くの人々に読まれた二冊の本を思いだす。

一冊は、レーニンがロシア革命の前年の一九一六年に、亡命先のオーストリアで書いた『帝国主義論』。レーニンは、いうまでもなく、一九一七年のロシア革命とその後の社会主義・ソ連の指導者である。この本のなかでレーニンは、帝国主義戦争の背景には、集積と独占のすんだ資本主義があり、資本と列強諸国による世界分割がこの戦争の本質であると述べた。

もう一冊は、ドイツの軍人クラウゼヴィッツが遺稿として書き残した『戦争論』(一八三〇年頃)。この本に書かれたいくつかの部分を紹介してみよう。

〈戦争とはわれわれの意志の実現を敵に強制する暴力行為である〉

〈敵の抵抗力を奪うことが戦争の目的である〉

〈人間は確実性に引きつけられる一面と、不確実さにひかれていく一面とを持っている。不確実性の世界では、偶然にさらされることに人間は可能性を感じとる。勇気、自信、冒険が人々の規範になり、ここでは大胆も無鉄砲も正当に評価されなければならない。この世界にいると、人間はそれが普通の世界のように思えてくる〉

そしてクラウゼヴィッツは、〈戦争は政治の道具であり、戦争という手段によっておこなわれる政治である〉と書き残した。

『帝国主義論』は百年近く前、『戦争論』は二百年近く前の本である。といっても、現代の戦争との共通性を失ってはいない。今日の戦争の背後にも、一部の企業の経済的野望や、戦争をおこなう国の経済戦略がみえ隠れする。戦争が政治の道具であることも、クラウゼヴィッツの時代と同じである。ところが、ではこの二冊の本で、今日の戦争の内容が説明しつくされているのかといえば、私はそうは思わない。今日の戦争には、別の一面がつけ加えられている。

たとえば、日米が戦った太平洋戦争を例にとってみよう。この戦争は、一九四五年八月に戦闘が終了している。しかし、それでアメリカの目標が達成されたのかといえば、そうではなかった。その後の占領統治や日米関係をとおして、アメリカ的価値基準に適合しないものをこわし、経済や社会、政治、精神などの多くの領域で、日本とアメリカが共有できるものを持つようになったとき、アメリカの目標は達成され、日米戦争は最終的に終結した。

もちろん当時の日本に、改革しなければならないものがあったことは確かである。アジアへの侵略、そして日米間の帝国主義戦争をおこなったこと自体が、そのことを物語っている。だが、このような私たち自身の課題としての日本の社会の改革と、アメリカの戦争の目標とは区別しておかなければならないだろう。なぜなら、戦闘終了後の「敵」の社会改造をとおして、自分たちの価値観が通用する社会をつくり、この価値の共通化によって自分の国が世界の支配者としての地位を獲得していくことが、今日の戦争の目標だからである。

こうして現代の戦争では、「敵」の社会に内蔵された歴史の破壊、記憶の破壊、文化の破壊といったことが、目的にすえられるようになった。異文化を破壊し、「敵」の文化を自分たちに同化させることをとおして、自分たちが中心にいられる世界システムをつくりだす。ここに現代の戦争が展開する。

レーニンが述べた戦争の背後にみえ隠れする経済的野望も、クラウゼヴィッツが書いた政治の道具としての戦争も、今日ではこのような内容を伴って実現されていく。ここに現代の「戦争という仕事」の、新しい一面がある。

そして、だからこそ今日の戦争は、文化戦争や宗教戦争、「文明の衝突」といった性格をもつようになった。とともに戦争は特別な行為ではなく、自分たちの価値基準が通用する世界システムをつくる過程での、政治のありふれた一手段にさえなってしまった。

私たちが問い返さなければならないのは、戦争だけではなく、戦争を日常化させながら展開していく現代世界である。

テロリズム

この二十年ほどの間、フランスに滞在していたときは、私は何度かスペインとの国境に近いピレネー山中の村に足を伸ばした。きり立った山々に羊や山羊の放牧地がひろがっている。その下を、日本なら山女《やまめ》や岩魚《いわな》の暮らしていそうな川が流れている。

この辺りは、バスク人の暮らすフランスである。バスクといえば、スペインのバスク独立運動がよく知られているけれど、バスクの土地はフランスの一画をもしめていて、スペインでの運動のような過激さはなくても、ここでもバスク人の主権回復運動はすすめられている。

村々を歩いていると、「殺害の場所」をみることがある。スペイン警察に追われたバスク独立運動の活動家は、フランスのバスク人を頼りにしばしば国境を越えて逃げてくる。それを追いかけるスペインの「秘密組織」が「逃亡者」を発見し、殺害した場所である。独特の文化を形成しながら、ヨーロッパでは古い民族として生きてきたバスク人たち。彼らは、スペインに同化しスペイン人として生きることを拒否するかぎり、スペイン国家にとっては殺害してもかまわない犯罪者なのである。

アメリカがイラクへの侵攻を開始したとき、最初に同調した主な国に、イギリス、スペインがあった。この三国に共通するのは、近年に至るまで、自分たちのシステムに同化しない人々を暴力で押さえこもうとしてきた歴史である。アメリカにはベトナムをはじめとする戦争の歴史があり、イギリスには北アイルランドの独立運動に対する、スペインにはバスク独立運動に対する武力鎮圧の歴史がある。

とすると、この一致は偶然なのだろうか。

フランスのバスク人たちは、主権回復のひとつとして、バスク語の復活を求めてきた。いまではフランス政府もバスク語の教育を承認している。

言葉とは、その言葉をとおして「相手」との関係をつかむ役割をはたしているのだと私は思う。たとえば「虫の声」という言葉がある。日本では「虫の声」を聴くと、私たちは秋の深まりと美しい音色を感じる。生きることの華やかさと寂しささえ感じることがある。ところが、よく知られているように、欧米語には「虫の声」に相応する言葉が存在せず、訳そうとすると「虫の騒音」になってしまう。これでは意味が伝えられない。

「虫の声」は、秋の虫がかなでる羽音と、それを聴く私たちとの関係がつくりだした言葉である。同じように、父、母といった言葉も、父や母と自分との関係を意味する言葉である。だからバスク語の回復運動も、単なる失われた言語の回復運動ではなく、その言葉をとおしてつかみとられていた、その民族が持っていた関係的世界の回復運動なのである。

とすると、スペインがおこなってきたバスクへの弾圧は、バスク人たちの関係的世界に対する弾圧、破壊だったことになる。

現代の戦争には、このような面が付与されているのだと私は思っている。そして、そのようになった最大の原因は、現代社会の基本的なシステムである資本主義と近代国家が、どちらも伝統的な関係の世界を破壊することによって発達してきたものだからではないだろうか。

資本主義は、それまでの社会が持っていた関係的世界、たとえば職人たちの関係的世界や自然と人間との関係的世界、村や町の関係的世界などを破壊しながら市場経済の発展を実現してきた。近代国家も、地域ごとに独立してつくられていた言語をふくむ関係的世界を解消しながら、すべての人々が国民として一元化される体制をつくりだそうとしてきた。これらにおいては、自分たちの発展をさまたげる関係的世界の破壊は、発達のための正義だったのである。

とすると、私たちの社会がこのような性格を持っているかぎり、これからも、自分たちに都合の悪い関係的世界を破壊しながら発展を願う戦争はつづく、ということにはならないだろうか。そして自分たちの関係的世界を守ろうとする人々は、スペインのバスクや、イギリスの北アイルランドの独立運動もまたそうであったように、テロリズムに最後の防衛手段をみいだすようになる。

問い

フランスの文化人類学者、レヴィ＝ストロースは、一九八八年に刊行された晩年の作品『遠近の回想』（邦訳は九一年、みすず書房刊）のなかで、次のように述べている。

「自分の力の限界を認識しなくなったときから、人間は自分自身を破壊するようになるのです」（竹内信夫訳）

人間は生物の世界のなかの特権的な生き物ではない。人権もまたあらゆる生物種に認められる権利のひとつに過ぎないのに、西洋の人間主義は、人間の権利を自然の世界から切り離し、特別なものにしてしまった。そのとき人間たちは、自分たちを支えていたものを失い、自分自身を破壊するようになった。

人間は特別な生き物だと考える思考様式、つまり西洋がつくった人間中心主義こそが、今日の人間と世界の荒廃を招いた、そうレヴィ＝ストロースは語っているのである。

人間は特別な権利を持っているという発想は、次に、自分たちは世界を管理する特別な権利を持っているという発想を生む。そして、この〈特別な権利〉が、正義という言葉で根拠づけられるようになる。その結果は、自分たちの正義を実現するための戦いである。こうして経済の世界でも、政治の世界でも、「戦い」が仕事になる。

だから、レヴィ＝ストロースは、自由、平等、友愛という理念を、つまり人間だけに認められる特別な理念を打ち立てたフランス革命に対しても、次のような評価を下す。

「フランス革命はいくつかの理念と価値を流通させ、それらの理念と価値はヨーロッパを、さらに世界を魅了したものです。…しかしながら同時に、西洋を襲った何度かの破局の原因がそこにあったかもしれない」

自由、平等、友愛という人間の理念を高らかにうたいあげた精神のなかに、人間の権利を絶対視し、つづいて自分たちが掲げる正義を絶対視して「戦い」を仕事にする、そんな基礎がつくられていたのかもしれないと、レヴィ＝ストロースは自問する。そして、自然と人間のあいだに境界を設けなかった、さらに人間の存在に特別な意味を与えず、それを「無」としてとらえた「極東の哲学」に対する共感を示す。

戦争は単純で短絡的な仕事なのだと私は思う。なぜならここには「勝ち」と「敗け《ま》」しかなく、戦争の論理からは、この世界には勝ちも敗けもない世界のあることがみえてこないからである。レヴィ＝ストロースの言い方を援用すれば、もともと自然と人間のあいだには勝ちも敗けもなかった。人間は、ときには平穏な、ときには猛威をふるう自然とともに暮らしてきただけである。ところが、人間が特別な権利を持つ生き物と考えられるようになったときから、人間は勝ちと敗けしかみえない、単純で短絡的な心情の世界にまきこまれていった。

とすると、絶え間なく戦争がつづく現代社会の問題点は、その根が深いということになる。なぜなら、近代以降の人間の精神的世界自体のなかに戦争を必然化する要因がひそんでいる、ということになるのだから。戦争を推進している人たちだけでなく、それを否定的な眼《め》でみている私たち自身も、近代人に共通する精神的世界を持っている。

イラクへの自衛隊の派兵が決まったとき、正直に述べると、私は強い無力感を感じていた。たとえ一部の人であれ、レヴィ＝ストロースのように、われわれはどこで間違ったのかを根本から問い直そうとする人々が今日のヨーロッパからは生まれているというのに、彼らが共感を示す「極東の哲学」の社会からはそのような問いかけもほとんど生まれてこない。誤解を恐れずに述べれば、戦争が正義か、非戦が正義かを争っているだけだ。もちろん私は、それでも非戦の側を選ぶが、この論理だけでは現代の根本的な問題は解決しない。

人間たちは、どこで、何を間違ったのか。はっきりしているのは、この問いかけから逃げない苦悩のなかからしか、戦争を生まない社会の思想はつくられないということである。

剥離

いまから二十年ほど前のことである。その日の私は、パリのリパブリック広場でメーデーの様子をみていた。近くに二種類のイラン人のグループが集まっていた。パーレビ王制を打倒した、いわゆるイランイスラム革命から、まだ間がない頃である。イスラム法学者であるホメイニが、イランでは最高実力者として基盤を固めていた。

メーデー会場には、ホメイニ支持派のイラン人と、反ホメイニ派のイラン人が、至近距離で二つの集会を開いていた。一方が「ホメイニ万歳」を連呼すると、もう一方は「ホメイニを倒せ」と連呼する。そんな雰囲気である。といってもここに集まっていた反ホメイニ派は、旧王制派ではない。イランイスラム革命のときに、先頭を切って武装蜂起したイスラム戦士団のメンバーである。イスラム的社会主義の傾向を持つ彼らは革命の原動力になったにもかかわらず、ホメイニ体制が確立するとイランから追放されていた。

その様子をみていた私は、一時間もすると、かなり多くの文書をかかえていた。それはホメイニ派と反ホメイニ派の双方から手渡されたもので、しばしば両方の代表という人が来て、私に資料を渡しながら、イランイスラム革命とは何なのか、「向こうに集まっている人々」は何が間違っているのか、これから世界はいかに解放されなければいけないのかを説明していった。そして何度かこう言われた。「東洋人としてはじめて、西洋の世界支配と対決し勝利した日露戦争の経験を持つ日本人なら、われわれの気持ちはわかるはずだ。ともに闘おう。世界を帝国主義の支配から解放するために」

どちらのグループの人たちも、自分たちが生きている現実の世界とは何かを知っていた。何のために、自分たちは生きているのかを知っていた。だから闘いがあり、私を説得しようとする真剣な言葉をもっていた。もちろん、彼らの主張を私が支持するかどうかは、それとは別である。だが、その日の私は、間違いなく彼らの様子のなかに、現実の世界のなかで力強く生きている人たちの姿をみていたことは確かであった。

それに対して私はといえば、現実の世界に対する傍観者でしかない。彼らの言葉を使えば、帝国主義の世界支配に反対し、世界は多様であると主張し、国家がおこなう戦争を否定してはいるけれど、たえず、どこかで現実性を喪失しながら生きている自分を感じている。

私はそこに、今日の先進国の人々に共通する人間の状況をみている。たとえば、自衛隊のイラクへの派兵をどう考えるのか、と問われれば、それへの反対を表明する人でも、二、三分後には今日の夕食のことや、今日の仕事のスケジュールのことを考えている。イラクでの戦争など存在しないかのごとく、以前の生活と変わらない日常生活をおくっている。しかも、その日常生活のなかに本気になっている現実があるのかといえば、そうでもない。今日の夕食など、自分にとってはどうでもよいのだ。今日の仕事も、自分にとって本当にしたい仕事なのかどうかはわからない。

今日の先進国の人間たちは、自分が生きる世界のなかにあったはずの現実性が、一枚ずつはがされていっては、それが失われていく、そんな感覚のなかで生きている。この何となく現実を喪失している人間の状況を、哲学は現実性剝離《はくり》とか人間の疎外《そがい》と呼んできたのだけれど、確かに今日の私たちは、現実のなかで生きていながら、そこに本気になる現実をみていない。

そして、だからこそ近代国家は、国民統合の政策をしばしば必要とするのだと思う。つまり、弛緩《しかん》していく人間たちを強く国民として統合していく、そのことによって国民国家の基盤を固めなおす必要が、である。

その政策のなかでもっとも有効なものが戦争である。そればかりか、ときには、今日のフランス、ドイツのように国家として非戦の態度をとることが、もちろん戦争をするよりはずっとよいのだが、「非戦国家」のもとへの国民統合の役割をはたすこともある。そして、ここに、「戦争という仕事」の背景がある。戦争と平和の問題を国民国家の原理から離れて語ることはできない。

観察

それではいけないことを知っているのに、なぜ今日の私たちは戦争という問題までを、数多くのニュースのひとつとして聞き流すようになってしまったのか。この原因を解かないかぎり、今日の戦争の意味はつかめないと思っている。なぜなら現在の国家の「戦争をする自由」を消極的に支えているものは、何となく傍観者でいつづける私たち自身だからである。そして私はこのような構造をつくりだしてしまう社会として近代的な個人の社会をみている。

今日の私たちのなかには、何ごとに対しても本気になれない自分を自分自身がみつめている、とでもいうような感覚が静かに拡《ひろ》がっているような気がする。

自分と、その自分をみつめている自分自身というふたりの自分がいる。この近代以降の人間に特有な感覚を、これまで思想家たちは、自己と自己意識の分裂と呼んできた。それは、自分の評価を自分自身でおこないながら生きる時代の人間の姿をあらわしている。

人々が、自然や共同体的な世界と関係を持ちながら暮らしていた間は、そうではなかった。関係自体が、自分の評価を教えてくれたのである。

たとえば農民として田畑を耕し、作物を育てたとしよう。そうすれば、自分が一人前の農民かどうかは、作物を収穫する頃には自然が教えてくれる。商人や職人としての自分の評価も、客や商人、職人仲間の関係をとおして、自然に知ることができた。

個人の社会は、この仕組みを失ったのだと思う。もちろんこの社会にも人間を評価する仕組みはいくらでもある。学校では成績が人間を評価するし、企業も業績や職階による評価システムを持っている。今日では、ときには服装や持ち物、家や車までが、小さな評価基準としての働きをするかもしれない。

ところが誰もが感じているのは、このような現代の評価が本当の自分の評価とは異なっている、ということである。成績や地位によっても、ましてや所有物ではかれるものではない。そんな本当の自分があるのに、この本当の自分を社会はとらえようともしない。

自然との関係や人間相互の関係が希薄になった社会では、つまりお互いを認めあう自然な仕組みがなくなった社会では、このように表現するしかない感覚が人々のなかに芽生えてくる。それが、本当の自分を知っているのは自分自身だけだという感覚を生む。たえず自分を自分自身で観察し、自分で自分を評価しなければ、本当の自分がみえなくなってしまう。そんな感覚が、個人の社会には拡がってくる。

ところがこの感覚も、最近では内容が変わってきた。というのは、以前は、本当の自分としてもっと評価されてよいはずの、つまりもっと輝いているはずの自分を人々はみていたはずなのに、今日では、何ごとにも本気になれない、何となくたたずんでいるばかりの自分を、私たちはみているようになった。みえているのが、「強い自分」から「弱い自分」に変わった。

それは二つの個人主義を生んでいった。ひとつは、自分を観察し、その観察された自分を自分自身で評論し、さらに評論している自分自身をまた自分が観察し評論しているという、どこまでも「自分との対話」をつづける個人主義。そしてもうひとつは、たとえば自分に「目標」を持たせ、この自分だけの目標を達成することが何より大事であり、自分の使命でさえあると思う気持ちをいだくことによって、自分の世界を確立していく個人主義である。

こうして現代世界は、そのどちらであったとしても、自分のことにしか関心を持てない私たちを生みだしつづけてきた。もちろん私たちはこの構図が持っている嘘《うそ》っぽさも知っているのである。「目標」をめざしたとしても、自分をみつめつづけたとしても、そこには虚《むな》しく、嘘っぽい世界が拡がっていることを感じている。しかし「弱い自分」しかみえない時代には、それを手放してしまったら、自分を支えているものがなくなり、自分が崩れていくばかりである。

今日の個人の社会は、このような姿をみせているのではなかろうか。自分のこと以外はすべてニュースとして流れていくだけの時代が、ここから発生してきた。

建国

現代的な戦争の出発点はどこにあったのだろうか。そう考えるとき、私はアメリカの建国の歴史にたどりつく。

かつてヨーロッパ人たちが北米に移住しはじめた頃、そこはアメリカ先住民たちの大陸であった。さまざまな部族が森のなかで昔からの暮らしをつづけていた。先住民たちは、上陸してきた貧しいヨーロッパ人たちを温かく迎え、彼らに必要なものを分け与えた。客人にはそうするのが先住民たちの習慣だったのである。

そのヨーロッパ人たちが最初に移住した現在のニュー・イングランドは、その後どうなったのであろうか。一八三五年に刊行された『アメリカの民主政治』のなかで、フランスの政治社会学者、トクヴィルは次のように書いている。

「かつてニュー・イングランドの領土内に住んでいたインディアン諸部族…は今や人々の追

憶の中でのみ生きている」(井伊玄太郎訳、講談社学術文庫)

先住民たちは滅ぼされてしまったのである。

アメリカ大陸の先住民が滅ぼされていった過程を、トクヴィルは次のように記述する。はじめにヨーロッパ人たちは、先住民から土地を奪い、先住民たちを森の奥深くへと追いやっていった。それを可能にしたのは、いうまでもなく、ヨーロッパ人がもっていた武器、軍事力という文明である。抵抗する先住民は、この軍事力によって滅ぼされた。

そのうち、部族によっては、白人社会に同化することによって生き延びようとする者もでてくる。自然が与えてくれたものを受け取りながら暮らす伝統的な暮らしを捨てて、先住民たちが軽蔑していた富をふやすための労働を受け入れる、つまり土を耕す者がでてきたのである。

ヨーロッパ人たちは、自分たちの文明を受け入れたこの先住民たちに、わずかな土地を与えた。だがそのことによって先住民たちの平和は訪れなかった。なぜならアメリカ文明を受け入れたときから、誇り高く生きていた先住民たちは、単なる貧しいアメリカ人に変わり、農業の技術も商業の経験も持っていなかった先住民たちは、白人たちにいいように搾取され、わずかな土地さえ取り上げられてしまったからである。

アメリカの建国とはこのような歴史である。それは、自分たちの文明に従わない者を軍事力で滅ぼし、従おうとした者は、たくみな経済的取引で滅ぼした上に築かれた新国家であった。一方では軍事力という文明を用い、他方では先住民の文明化を働きかけながら、経済という文明の力によってすべての土地を手に入れた。

それは、二つの教訓を私たちに残している。ひとつは、このアメリカの建国をめぐる戦争においてはじめて、異文化を持つ者たちに対して、その異文化を根こそぎ消滅させるという方法がとられたことである。先住民たちの文化を、その記憶まで破壊しようとした。異文化とのささやかな共存さえ、アメリカは許そうとしなかったのである。第二の教訓は、こうして自分たちの秩序を拡《ひろ》げ、同じ文明、同じ価値観が支配する領地を拡大していくことが、市場や自分たちの経済ルールの通用する範囲を拡げ、強い国家をつくることに役立つという現代の構造を、アメリカはもっとも完全なかたちで実現した国家だということである。

はっきり述べてしまえば、アメリカは先住民の抹殺《まっさつ》という恥ずべき行為の上に成立した国である。だがその恥を認めることは、建国自体が不正であったことを認めることにつながる。たとえこの過程で少々の問題があったことは認めても、建国とその後の歴史は、文明の偉大な発展として肯定する他《ほか》ないのである。

そしてそれを肯定するかぎり、自分たちに同調しない異文化の社会はその記憶をもふくめて消滅させるという手法も、そのためには一方に強い軍事力が必要であるという教訓も、さらに、その社会に自分たちの文明を提供しながら、その文明の支配圏を拡げ資本主義の利益と合致させるという方法も、アメリカ的自由を守る武器として肯定されつづけることになる。

私は現代の戦争の出発点はここにあると考えている。

秩序

戦争の背後では、さまざまな要素や思惑が渦巻いている。

経済的な権益や政治的な支配圏の拡大は、昔もいまも戦争の大きな動機である。この点では、今日の戦争が帝国主義戦争という性格を捨てたわけではない。さらに戦争の過程では、過去の文化的、宗教的、歴史的な対立などが、さまざまな影をおとす。だが、と私は考える。これらのことを分析しただけで十分なのだろうか。今日の戦争には、発達した個人の社会が支えている戦争という一面がみえているのではないか、と。

近代革命がはじまり、近代的な市民社会がその姿を現しはじめたとき、多くの人々は、個人が力をつけ社会の主人公になっていく近代社会の形成に明るい未来を予想した。しかし、二十一世紀初頭に暮らす私たちは、かつての予想とは異なる総括をしなければならない事態に陥っている。

個人の社会とは、誰もが基本的には、自分一人の力だけで生きていく社会である。かつての社会のような、自分を守ってくれる共同の世界は失われた。それでも近代社会の形成期には、相談をすれば無理をしてでも応援してくれる友人や親戚が疑似共同体的な役割もはたしてくれたけれど、いまでは家族さえバラバラになりつつある。いわば、生きていくすべての責任が、個人に負わされるようになったのである。そのとき、二つの傾向が生まれた。そのひとつは、日常の自分のこと以外に関心を持たない人々の誕生であった。守られている世界を失ったとき、私たちは、それ以上のことに本気になる負担に耐えられなくなった。

もうひとつの傾向は、人々が、現在の秩序の安定を好むようになったことである。なぜなら、自分の人生プログラムを自分の力だけで実現していくとき、社会秩序の激しい変化は好ましくなくなる。社会の激動は、自分の人生プログラムも崩壊させる。この傾向が先進国では、似たような与党と野党が存在する政治社会を生みだした。

問題はこの傾向が、自分が組み込まれている秩序に問題点があっても、その問題点に目をつむる精神の習慣をつくりだしたことである。たとえば企業の不正行為が、社会の糾弾をあびることがある。そのとき誰もが気がつくことは、その企業で働いている人たちのなかに、自分の企業の不正行為を知っていた人がいるはずなのに、内部からそれが問題にされることは極めて少ない、ということである。役所でも、学校でも、どこでも同じような風土がつくられている。それは、それを問題にすることによって、自分の基盤である秩序の世界が崩れることを、個人の社会は嫌うからであろう。

この個人のかたちがあるかぎり、現在の秩序を守るためには戦争が必要だという論理は、かなり強い説得力を持ってしまう。

アメリカが発した「テロとの戦い」というメッセージは、アメリカがアメリカでありつづけられる世界秩序を守る、という意味であった。この秩序に支えられて個人の生活を実現している人々は、このメッセージを支持した。アメリカの求める秩序とは何かを問おうとはしなかったのである。今日ではアメリカ国内でも、イラクへの戦争を疑問視する人々が生まれているが、それも多くの場合は、アメリカの求める秩序を維持する方法として、イラク戦争は有効ではないということにすぎない。

このアメリカが世界の中心であることが、現代世界の姿を象徴しているように私には思える。私たちは自然をこわしながら現代という文明社会の秩序をつくりだした。世界各地に最貧の人々を生みだしながら、私たちは富める社会の秩序をつくった。そのことを知っているのに、私たちは本気になって自分たちが組み込まれている秩序自体を問おうとはしていない。アメリカの人々が、先住民を抹殺することによって築いた自分たちの文明を問おうとはしないように。

このような個人の社会を基盤にして、経済的、政治的秩序の拡大を求めるシステムが、今日の戦争を遂行させ、今日の政治の世界を成立させる。とすると、私たちは、さらに問わなければならない。現代における「政治という仕事」は、どのようなものとして展開しているのかを。

第二章　政治という仕事

デマゴーグ

今日の世界には、「政治という仕事」にたずさわる多くの人たちがいる。政治家、官僚、役所の職員。さまざまな委員として政治に加わる人々もいるし、ときにはジャーナリストや弁護士、政治の研究者たちも、報道や裁判、研究をとおして政治に関与する。政治の世界に働きかけ、何らかの利益を得ようとする人々もかなりの数にのぼるだろう。私たちも、自然や地域、教育や安全性といったいろいろな問題に関《かか》わるとき、政治への働きかけが必要になることもある。選挙のときには、多くの人たちが選挙活動というかたちで政治に関与する。

ところが、これほど多くの人々が、選挙における投票だけではなく直接的に政治との結びつきをもっているのに、つねに嘆かれているのは政治の質の悪さである。

さらに、こんな問題もある。イラクへの日本の派兵が決まり、戦後の日本の約束事が大きな転換をとげたとき、これらのさまざまな政治に関わる人々のなかから激しい議論が起きることはなかった。たとえば、政治に働きかけ、何らかの利益を得ようとする人々にとっては、戦後政治の転換が持つ意味よりも、いままでと同じように自分たちの利益を獲得することのほうが重要だったのである。

官僚も、いままでと同じように、たんたんと仕事をしつづけられることの方が重要だった。とすると、今日の政治は、自分が関わっている部分だけの、いわば部品の集合体のようなものになっているのだろうか。誰もが、自分の関わる部品だけを問題にしている。

それは、今日の私たちが暮らす近代社会の姿でもある。近代的な個人となった私たちは、社会全体のことは漠然としか考えていない。それよりも重要なのは、今日の自分の仕事の予定であり、暮らしのさまざまなことや、子どもの成績や、ときには花見の予定だったりする。個人が関わっている部分が大事なのであって、社会全体のことはぼんやりとみえているだけである。

おそらく、このような社会と個人のあり方と今日の政治とは連動しているのであろう。近代的な個人の社会が、今日の政治と個人の関わりをつくりだしている。

ところが、問題なのは、にもかかわらず社会全体は変化し、政治全体もまた変化していることである。とすると、何が社会を変え、政治を変化させているのだろうか。総理大臣とて、強い信念を持って政治をおこなっているのではなく、小泉政権下の「改革」で明らかになったように、自分の政治基盤、政治権力を維持するためにしか政治をおこなっていないというのにである。その点では、総理大臣も自分にとって必要な部分でしか政治に関わっていない。

いわば誰もが、自分の都合の部分でしか政治に関わらず、それなのに政治全体は変化していく。それが今日の大衆社会の状況である。

そして、そのような状況になればなるほど、政治家の能力としては、デマゴーグとしての能力が重要になる。デマゴーグとは、もともとは古代ギリシアの都市国家に現れた民衆政治家を指すが、デマゴーグにとってもっとも重要な能力は、民衆の情緒に訴える演説能力であった。その能力によって民衆の支持を得るが故《ゆえ》に、選挙において当選をめざす人たちや、政治から利益を得ようとする人々は、このデマゴーグについてゆく。派手な政治を打ち上げることによって民衆の支持を集め、しかし実際には政治の目的を持たずに、自己の権力を維持することを無責任に腐心しつづけている。それがデマゴーグである。

とすると、今日の日本の総理大臣をポピュリスト（大衆迎合主義者）と呼ぶ人がいるけれど、この名称はふさわしくない。大衆に迎合しているのではなく、民衆の情緒を引きつけて権力を維持しようとしているのだから、彼へのレッテルは、ポピュリストよりもデマゴーグのほうが適当である。

もちろんそれは、イラクの大量破壊兵器というデマによって民衆を引きつけ、「正義のための戦争」を訴えることによって自らの政治基盤を強化しようとした、現在のアメリカの政権にもいえることなのだけれど。今日の私たちは「政治という仕事」を新しい視点からとらえなければいけない時代を迎えている。

腐敗

「政治という仕事」について考えようとするとき、誰もが取り上げるといってもよい有名な本に、ドイツの社会学者、マックス・ウェーバーの書いた『職業としての政治』（一九一九年）がある。それは、政治という仕事がいかに困難に満ちた仕事なのかを、学生たちに訴えた本といってもよい。

この本のなかでウェーバーははじめに、国家は暴力の上に基礎づけられている、というトロツキーの言葉を引用し、「この言葉は実際正しい」（脇圭平訳、岩波文庫）と結んでいる。トロツキーは一九一七年のロシア革命の指導者で、後にスターリンによって暗殺された。

ウェーバーは、国家とは暴力を独占する共同体としてつくられていると述べる。すべての団体や個人は、国家が許容した範囲でしか暴力を行使することはできない。国家は軍や警察といった暴力装置を持っているし、戦争をする権利も、人を死刑にする権利も持っている。そして、この暴力の独占を背景にして、国家固有の権力を確立する。「暴力行使という手段に支えられた、人間の人間に対する支配関係」をつくりあげる。

ところが、そこから政治の腐敗や堕落も生まれてくる。自己の権力を維持しようとする者や、政治権力に近づいて分け前にあずかろうとする者が現れ、政治のなかからはたえず腐敗臭が漂ってくる。国家が絶対的な権力を持っていることが、このような事態を発生させるのである。

こう書きながらも、ウェーバーは必ずしも政治に失望していたわけではなかった。彼はこのような困難にたち向かっていく人々の出現に、希望をみいだそうともしていた。とすると、この困難にたち向かっていく人々とは、どのような人々なのか。それは高い倫理性を持っている人々である。『職業としての政治』は、次のような文章で閉じられている。

「自分が世間に対して捧げようとするものに比べて、現実の世の中が…どんなに愚かであり卑俗であっても、断じて挫けない人間。どんな事態に直面しても『それにもかかわらず！』と言い切る自信のある人間。そういう人間だけが政治への『天職』をもつ」

公共のための仕事をしているという高い倫理性が、政治という仕事には必要だというのである。

このウェーバーの見解は、ある意味では、現代の政治を直視している人々の、平均的な政治への心情だと言ってもよいだろう。私たちは、今日の政治にはつねに腐敗や堕落があり、官僚主義がはびこっていることを知っている。その点では、政治は絶望的でさえあると思っている。

ところが一方では、高い倫理性に支えられて政治という仕事がおこなわれることに、かすかな希望も持っている。現実はたえず裏切られるとしても、である。

ウェーバーより後のドイツの社会学者、ハーバーマスになると、公共性を裏切らない活動を、政治家の側によりも市民の側に求めるようになる。近代的な市民が、自分の利害だけでなく、公共性をも確立した個人として登場し、政治を監視することによって、政治の腐敗や堕落をくい止めようと考えたのである。そうやって、健全な市民が政治的な力をもつけていく先に、健全な政治の可能性をみいだそうとした。

だが、率直に述べれば、私は、政治にたずさわる者に高い倫理性を求める考え方も、市民の側に公共性という倫理を求める見解も、どちらもが幻の論理でしかないと考えている。紙の上に書かれた論理としては、そのどちらもがうまくいく。しかし、いま私たちが問わなければいけないのは、そういうことではないような気がする。

私たちがまきこまれているのは、一人ひとりは結構誠実に日々を生きているのに、たえず腐敗し、たえず堕落する政治の世界が生まれつづけるという社会である。政治にたずさわる者の側であれ、市民の側であれ、公共性や倫理観を持つ個人の確立によっては、この現実はくい止めることができないという今日の姿である。

なぜこうなってしまうのか。そこに今日の国民国家や人間社会の問題点がひそんでいるのではないか。問われるべきはそちらの方だ、という気が私にはする。

映像

「これからの社会はどうあったらよいのか」。こんなことを考えているときでも、私の家と畑がある群馬県上野村にいるときには、その答えはたえず具体的な映像とともにある。

庭の梅の花が開くと、毎年ウグイスが鳴きはじめる。そして、辺りの自然の世界は、そのときを待っていたかのようにいっせいに春の華やかさをみせていく。その映像のなかに、私は、永遠につづかなければいけない自然と人間の営みの世界をみつけだし、この世界を守ることのできる社会とは何かを考える。

上野村の森の未来。村を流れる神流川《かんながわ》のこれから。村の畑、村人の営み、村の学校、点在する集落。村では社会を考えることが、具体的な映像の未来への思いとたえず結ばれている。

ところが、この思考形式は、群馬県という規模になると少し違ってくる。具体的な森や畑や町や集落の映像はぼんやりとしたものになって、群馬の各地をつなぐ利根川の流れが、象徴的な景色として浮かび上がってくる。だから、群馬県の社会の将来を考えるときには、私も、利根川とともにひろがる群馬の大地を思い浮かべながらも、次第に、経済や都市社会、農村社会の分析などにむかう。とらえようとする社会が、具体的な映像とともにあるものから一般的なものへと、その意味で抽象的なものへと変化する。

それでも群馬の社会の未来なら、それを考える思考のなかに多少は群馬の映像が入ってくるのだけれども、それが日本の社会ということになると、私は困惑する。思考の対象としての映像が、すっかりみえなくなってしまうのである。

日本を象徴する映像とは何なのか。東京の林立するビルの映像が、日本全体を象徴しているわけでもなかろう。農村の景色はどうなのか。唱歌「故郷《ふるさと》」が詠《よ》んだような農村の景色。だがそれも、日本の農村全体を象徴してはいないだろう。北海道には全く異なる農村がある。かつて沖縄の八重山諸島でみていた水牛が働く水田の景色も「故郷《ふるさと》」とは違うものだ。

つまり、それぞれの地域に展開する具体的な映像はみえても、日本ということになると、私には、日本を象徴する映像さえみえてこない。その代わりに、憲法とか、日本の法制度、税体系、軍事制度、社会保障制度といった、近代国家がつくりあげた、人間のつくった人工的な制度ばかりが浮かんでくる。

とすると、社会について考えるときにも、村や地域を基盤とした思考、県レベルの思考、国というレベルの思考が並存している、ということにはならないか。具体的な映像を結ぶ思考と、結ばない思考との並存である。

その具体的な映像を結ぶ思考は、あたたかさがある半面で、わずらわしさも持っている。なぜなら、具体的にみえている世界とは自分が何らかの関わりを持っている世界であり、ゆえに自分の責任もまた問われる世界だからである。たとえば上野村の将来を考えるとき、村での自分の暮らし方や行動が問われてしまうように。

ところが具体的な映像を結ばない思考のなかでは、自分は基本的には無責任でいられる。思考の対象となるものが、自分が日々関わっているものではない以上、一般論で対応できる。そこで暮らしている自然も人間もみえていないのに、日本の経済を論じ、日本の社会制度や政治などを論じることができるのである。にもかかわらず、自分は天下国家という高尚な問題を論じているのだ、という錯覚に陥りながらである。

政治という仕事には、次元の異なるいく層かの仕事がある。具体的な映像とともにある政治という仕事から、映像を結ばない政治という仕事まで。そして、おそらく基本的な欠陥は、映像を結ばない政治が上位にたっているという、近代国家の仕組みにあるのだと私は思っている。本当なら、自然や人間の表情とともにある政治が上位にあるべきなのに、それが逆転している。

だから政治はつねに私たちから遠いものになろうとし、国家の政治という仕事にたずさわる者たちは、日々を生きている自然や人間を「国家の大義」の名において切り捨てるのである。

自由

イギリスの政治学者、ラスキは、『近代国家における自由』（一九三〇年）のなかで、自由についてて次のように述べている。

「自由とは、危機にさいして、力の要求に敢然と抵抗する勇気であるといわざるをえない。このゆえにまた、自由は無秩序をも辞せぬ原理である」（飯坂良明訳、岩波文庫）

自由な社会を保障するにはみずからの良心にしたがってその時代の社会や政治に抵抗する人々を、つまり覚悟の抵抗者の存在を認める風土が必要である。そしてそれを認めようとするなら、覚悟の抵抗者の活動によって現存する秩序が混乱することも諒解《りょうかい》する必要がある。

ラスキはイギリス労働党に属する穏健な政治学者であった。だからこの見解は、二十世紀の最大公約数的な自由に対する考え方だといってもよい。

ところで、戦時下のイラクで二〇〇四年に起きた日本人三人の人質事件は、私たちにこのことを問いかけていたような気がする。

事件が起きてから以降、政府の政治家や役人は不機嫌だった。それは、イラクを舞台にして日本が国家として推進しようとしていた秩序が、何人かの「自由人」によって混乱させられることへの不快感からきていた。

ところが、私たちの社会はもっと複雑な反応をみせた。もちろん彼らの行動を批判する者も、彼らに共感する者もいた。そしてまた、多くの人たちが、報道の自由や人間としてのさまざまな活動、思想信条の自由を大事にしようと思うとき、彼らの活動を否定することにためらいの気持ちをいだいた。アメリカによって強引にすすめられている世界秩序づくりに抵抗するには、この活動を否定するわけにはいかないという寛容さをみせたのである。

それは、次のようなことではなかったのかと思う。

人々が地域に根を張って暮らしていた時代から近代社会へと歴史が移行したとき、私たちの歴史は二つの「政治・社会構造」をつくりだした。ひとつは国民国家という政治構造であり、もうひとつは近代市民社会という社会構造である。後者は、近代的な人間の社会と言い換えてもよい。このときから私たちは、一方で近代的な国民国家のなかに身を置き、他方で近代的市民社会の一員として暮らすようになった。

ところが、この二つの「政治・社会構造」は、根本的にはどちらもが個人を基盤にしたシステムであるという共通性を持ちながらも、ある種の調和できないものを持っている。なぜなら、国家が秩序の管理システムであるのに対して、近代的市民社会は、働き暮らしている生身の人間たちの社会だからである。この視点で述べれば、国家は生身の人間たちを管理するシステムとして成立する、と言ってもよい。つまり、国家にとっての一番の関心事が管理システムの維持、自分たちの秩序の維持であるのに対して、市民社会の関心事は、自分たちが働きやすく暮らしやすい社会の創造であり、そのための自由な社会の創造である。市民社会は、みずからの目標の実現のためには、国家が維持しようとする秩序とときに衝突する。

近代的な世界は、このような近代的な国民国家と近代市民社会との二重構造の上に成立している。そして多くの思想家たちは、この二重構造がはっきりみえている社会を、健全な社会だと考えてきた。たとえば、ファシズムとは、市民社会と国家が一体になり、国家秩序と市民社会の秩序が一体になった社会であるがゆえに、不健全な社会である。

戦時下のイラクで人質になった人々は、国家の秩序の側ではなく、社会のなかの人間たちの側で活動した。そしてイラクの聖職者やレジスタンスたちは、国家の秩序に従うのではなく、人間社会の共感にもとづいて人質を解放した。

それは、国家の論理と人間社会の論理の違いを垣間《かいま》見させた一瞬ではなかったかと私は思う。国家としては無秩序にみえる事態のなかで、人間社会の側の秩序が働いていた。

はじめに引用したラスキは、国家が主権者として振る舞うことをたえず批判した思想家でもあった。主権は、自由を求める市民社会の担い手たる私たちの側にあるのだ、と。

国民国家

フランスを歩いていると、「自由、平等、友愛」の文字が刻まれた石の壁などをよくみかける。いうまでもなく「自由、平等、友愛」は、一七八九年のフランス革命のスローガンでもあり、近代社会の理念でもある。

ヨーロッパでは、今日の国家の領土的な枠組みは絶対王制の時代にほぼできあがった。その頃繰り返されていたヨーロッパ内部での戦争は、次第に国家間の総力戦の様相をみせはじめ、兵士たちの勇気よりも、国力のほうが大事になってきていた。この変化のなかで、絶対王制は、国家としての政治的、経済的、社会的統一をすすめたのである。戦争を遂行するという目的が、今日の国家の枠組みをつくったといってもよい。

こうして生まれた国家を、国民の国家、民衆の国家へと変革したのが近代革命である。だから近代国民国家は、国家を動かしていく主人公は国民であり、国民の自由や平等を約束した。

そして多くの人々は、この変革の先に、可能性に満ちた明るい未来があることを感じとった。だが、そのフランス革命から二百年余りが過ぎ、今日の私たちは何かに戸惑っているようにみえる。確かに、自由や平等はそれなりに確立している。国民の参政権も保障されている。それなのに、自分たちが政治を動かしているという実感はない。むしろ部屋のなかに浮遊する埃《ほこり》のように何となく国家システムのなかで漂っている、無力な自分を感じている。何となく管理され、いまのシステムのもとで何となく生きているばかりの自分を。

とすると、その原因はどこにあるのか。それを探るために別の角度から、近代的な国民国家の成立過程をみてみよう。

近代的な国家が生まれる以前は、人々はそれぞれが属するコミュニティーごとに、自分たちが生きていく自律的な社会をつくっていた。もちろん、そのコミュニティーにはさまざまな矛盾もあったけれど、人々はときに矛盾を自分たちで解決し、ときに矛盾をも受け入れながら、共同で自分たちの小社会をつくりだしていた。

たとえば土田武史の『ドイツ医療保険制度の成立』（一九九七年、勁草書房）という本がある。この本は十九世紀後半のドイツにおける社会保険制度、いわゆるビスマルクのつくった社会保障政策の成立過程を研究したものであるが、土田の研究によれば、ドイツでは十二、十三世紀から、職人たちが自主的につくる「共済金庫」が発達してくる。この「金庫」は、そのコミュニティーに加わる職人たちが、自分の収入の一定額を「金庫」に納め、仲間の病気や障害、老齢、貧困、死亡などに対する共済活動の費用として使われていた。つまり、職人たちは、国家に頼ることなしに、自主的な相互扶助的保険制度をつくって、自分たちの小社会を守ってきたのである。

近代的なドイツ国家の形成は、こうしたコミュニティーごとの「共済金庫」を、国家の保険制度へと置き換えながらすすめられた。それはドイツだけにかぎられたことではない。ヨーロッパでも日本でも、近代国家の成立以前には、「共済金庫」のような明確な制度はなくても、人々は、村々の共同体や、都市における「長屋」の助け合いなどさまざまなかたちで、自分たちの自律的な社会をつくっていた。つまり社会とは、自分たちでつくるものであり、政策の決定過程に加わる者と、その政策の結果を享受する者とが一致していた。

近代国家は、人々がつくっていたこの自主的な社会を解体し、人間を国民として、国家のシステムのなかに組織化したのである。そして政策をつくる人としての政治家や官僚、役人と、政策を享受する人としての国民を分離した。そのことが、近くて遠い政治、官僚や役人社会の弊害といった、近代国家の政治の問題点をつくりだしていく。政治に対する人間の無力化、という問題をもふくめてである。

私たちは、近代的な国民国家の陰の部分を直視しなければならない時代を迎えているのであろう。これまではその光の部分だけが強調されすぎた。そして光の部分に目を奪われている間に、政治は私たちにとって霧につつまれているものになり、政治の暴走がはじまった。

理念

はじめてフランスに足を延ばしたとき、大統領選挙がおこなわれていた。ミッテランが当選し、初の社会党の大統領が生まれた。驚いたのは当選直後である。ミッテランは大統領権限で実現できる選挙公約を、次々に実行に移した。そのなかには大論争を起こしていたものもあったのだけれど、公約は自分が大統領になったときの国民との約束であり、当選し支持された以上その約束をはたすのは当然のこと、という姿勢をミッテランはみせた。

この姿勢は、憲法や法律に対する考え方にもあらわれてくる。憲法や法律は、国家が国民に対しておこなった約束であり、その約束に不都合が生じたときは、憲法や法律を改訂すればよい、という姿勢として。

それに対して、日本の憲法や、法律のなかの「基本法」と呼ばれるものは、国家の理念を書いている。約束ではなく、めざすべき理念である。ところが、理念は時代とともに変わっていく。そして、その度に、憲法や「基本法」の解釈の仕方を変えていく方法がとられる。

ところで、国家の理念とは何なのだろうか。おそらくそれは、国家がめざす「正義」のことであろう。つまり、国家に理念を求める社会は、国家に「正義」を求めるようになり、国家に「正義」を実現する人格があるかのごとく擬制を成立させてしまうことになる。

憲法や法律が、理念ではなく約束である社会はそうではない。ここでは国家がめざすものは、国家の利害であり国民の利害であって、正義ではない。

そしてここから、二つの国家主義が生まれる。理念によって国民を統合していこうとする国家主義と、利害によって国民統合をおこなう国家主義である。もちろん、現実のなかでは、この二つはしばしば錯綜し重なり合う。つまり、自分たちの利害を正義という言葉によって説明しようとすることもあるし、逆に国家の理念が国民共有の利益として語られることもあるだろう。

このような視点からみるなら、明治における近代国家の成立以降から最近までの日本は、理念型国家を基礎にしていた、ということができる。そしてこの国家理念を主導したのが、明治以降の政治家たちであり、実務にたずさわる官僚たちであった。彼らは「正義の体現者」として国民を指導するという立場から、政治という仕事をおこなった。とするとその指導は、いったい何をめざしたものであったのか。欧米諸国と対等の国力をつくりだすためであった。経済力、軍事力、そしてそれらを増大させる基盤である社会的インフラの整備や教育制度の確立、国民の意識に対する啓蒙、戦前にはさらに植民地の経営もふくまれていた。

いわば「遅れた日本」を欧米諸国に追いつかせるという意志が、それを実現していく「正義の体現者」を成立させ、そこから政治という仕事を展開させていた。だから実務にたずさわる官僚たちは、自分たちの仕事を「正義」としてとらえ、自らを無謬《むびゅう》性と絶対性においてとらえるタイプの官僚主義を発生させたのである。

ところがこの官僚主義の前提は、今日では崩れている。第一に、欧米諸国に追いつくこと自体が目標ではなくなった。第二に、国民も国家に国民共通の理念が成立しうるとは思っていない。その点では理念型国家自体が、基盤を失いつつある。

それらが、政治という仕事の変化を促しているのが今日であろう。とすると、現在の日本における政治という仕事は、どのような方向にむかって変わりつつあるのか。官僚たちは、自分たちが勤める行政組織の経営維持という傾向にむかっている。いわば自分が加わる経営システムを維持するために、自己防衛的な、ゆえにときには排他的な閉鎖システムを守ろうとする。そこに現れているものは、ときに企業のサラリーマンがみせる、独善的な自己防衛と変わることはない。そして政治家もまた、自分の権力を維持するためにのみ発言し、国民の関心を自分にひきつけようとするデマゴーグ型政治家の傾向を深める。

今日の日本では、政治という仕事は、自分の立場を維持し強化するための経営として、展開されている。

国　民

私たちの生きている世界には、いくつもの矛盾に満ちたものがある。たとえば、貨幣＝お金もそのひとつであろう。本当は、ものの価値はお金ではかれるものではないことも、お金が「神」のような力を持った社会のあやしさも知っているのに、現実には、貨幣経済がもたらす安易さと便利さのなかでわれわれは暮らしている。

国家にも同じような性格があるような気がする。国民であることに安住することは、私たちにある種の安易さと便利さを与える。しかしその国家は、国民としての人間たちを管理し、ときに国民の生活を破綻させ、人々を戦争に駆りたてる。そればかりか、国民であることと人間であることとの区別がつかなくなると、私たちは自分でも気づかないうちに、国家のもとにとり込まれてしまうだろう。イラクでの日本人人質事件が起きたときに、人質になった人々は、国家が想定する国民としては迷惑な人々であったとしても、人間としては勇気ある人々であることを忘却した意見も生まれたように、である。国民として発言し、国民として振る舞えば振る舞うほど、私たちは自分たちが国民である前に人間であるということを忘れる。

実際、社会思想史のなかでは、国民国家が生まれてから以降、この国家をどのようなものとしてとらえたらよいのかは頭痛の種であった。国家は、国民には共通の利益があるかのごとく態度をとる。しかし本当は、そんなものはあったとしてもごく一部分のことにすぎない。自由貿易は国境措置のないことを好む企業の利益にはなっても、農民や林業家の利益にはならないように、「国民の利益」はさまざまな場面でむしろ対立している。にもかかわらず、一部の利益にすぎないものが国民共通の利益にもなるかのごとく振る舞うことによって、国家は国民共通の利益を代弁しているかのように装う。

しかも、その国家を司《つかさど》る政治という仕事からはたえず堕落や腐敗が生じ、官僚主義が強固に築かれる。なぜなら、権力を持つということ自体が、そのことを必然化してしまうからである。

このような事態を前にして、これまで人々は多くの「国家論」を生みだしてきた。国家は、国民のさまざまな利害の調停者であるべきだという意見も、福祉国家にこれからの国家の方向性をみいだそうとするものもあった。だが、それらもまた虚《むな》しかったような気がする。国家という権力機構があるがゆえに自分の仕事を成立させている人々に、人間たちの営みの調停者としての役割などはたせるはずもなかったのである。そんな意見よりも、国家を必要悪として、つまり必要だがその本質は悪であるとしてとらえたかつての大態信行（思想家、一八九三―一九七七年）の説のほうが、誠実であったといってもよい。

そして国家のなかに権力を持つがゆえに発生する「悪」が内在しているとするなら、私たちはそれをどう監視し、修正していったらよいのか。多くの人々は、その機能を市民の成熟や市民社会の成熟に求めた。しかし、それもまた虚しかったことを、現実の歴史は教えつづけた。なぜなら、理想の市民や市民社会もまた理論的に想定されたものにすぎず、それらは現実のものではなかったからである。

むしろ問題は、大きな権力を背景にした仕事が存在することのほうにある。だから権力を持った人間は、その権力を維持し、ときに悪用しようとし、それが腐敗や官僚主義を生みだしつづける。

国家の政治という仕事がみている「国民」は漠然としている。「国民」とは誰のことなのかがよくわからない。その原因は、「国民」とは日々の営みのなかで生きている具体的な人間ではなく、「国民」という記号でくくられた人間群にすぎないところからきているが、その結果「国民の意思」は、つねに、国民の意思を代弁していると称する圧力団体的な一部の人々をとおしてしかとらえられないという構造が生まれる。

とすると、国民国家は、具体的な国民全体の姿はとらえることができないのに、その国民の生存に影響を与える強い権力だけは持っている、という構造的な欠陥があることにはならないだろうか。

呪縛

「戦争に敗《ま》けてよかった」。子どもの頃の私は、何度となく、大人たちがこう話すのを聞いていた。そう語るとき、大人たちの表情には、おかげで戦前、戦中の歴史に終止符がうたれたという安堵《あんど》感があった。

アジア諸国の人々をふくめて、大きな犠牲を戦争は払った。そしてその敗北は、戦後の日本に、平和と民主主義をもたらした。それは大きな犠牲によってもたらされた戦後日本の解放感であった。

だが、このとき、当時の思想が戦前、戦中の問題点を十分に解析していたのかといえば、そうではなかったような気がする。そして、そのことが、今日の日本の政治、社会構造の問題点にまで尾をひいているのではないかと。

とすると、戦後の思想の何に問題があったのだろう。私はそれは戦後思想が、欧米の歴史から生みだされた近代的な社会、政治思想を、これからの日本の指標として疑いもなく受け入れたときはじまっていたように感じる。

近代革命や産業革命をへて、西ヨーロッパの世界は三つの新しいシステムをつくりだした。ひとつは資本主義という市場経済のシステム、第二は近代的な市民社会、もうひとつは国民国家という国家システムである。この三つのシステムが相互性を持ちながら展開するのが近代的世界なのだけれど、そのそれぞれが矛盾をかかえていた。資本の利益を追求しつづける資本主義には、労働者や、経済的従属を強いられる途上国経済の問題があったし、市民社会には、人間が分断され孤立していくエゴイスティックな個人の社会という問題点が顔をのぞかせていた。国民国家には、人間を国民という記号に置き換えて一元的に管理しようとする問題点も、国家経営の過程で官僚主義が生みだされる点も、さらに国家としての求心力をつくりだすために強い国家をつくろうとするという問題点もあった。いわば、この三つの近代的なシステムは、それぞれが欠陥を持ちながら、相互的システムとして展開してきたのである。

ところが、戦後の思想では、資本主義の問題点だけが議論され、市民社会や国民国家については、日本の未来の指標としてその問題点を検討することなく導入されてしまった。自覚し自立した個人が生き生きとした市民社会をつくり、その市民社会が国民国家を監視し、コントロールする。そうすればすぐれた市民社会と国家の関係ができる、という近代社会思想のなかのひとつの傾向がつくりだした「神話」を無条件で受け入れ、そうはならないさまざまな現象を

「日本の後進性のあらわれ」と解釈することで終わらせてしまった。

それは、理想の国家や市民社会がありうるという幻想を広く生みだした。リベラリストたちは平和主義と民主主義にもとづく理想の国家と、それを支える理想の市民社会像を描き、国家主義者たちも人間の理想的な結合体としての国家像を描いた。そしてそのことを前提として、前者は日本的後進性を批判し、後者は「敗戦の呪縛」から人々の精神を離れさせようとした。

だが、そろそろ、このような発想から私たちは解放される必要があるだろう。いま私たちの目の前にあるのは、「冷たい市民社会」と人間にとっての「残酷な国民国家」。それこそが「成熟した市民社会」の一面であり、歴史をへた国民国家の一面であることを直視してもよい。

近代的世界とは、資本主義と市民社会、国民国家が相互性を持ちながら展開する、矛盾に満ちた世界として成立したのだと私は思う。そのどれかを理想視することはできず、そのひとつの矛盾を解決しようとすれば、必ず三位一体の改革が必要になる。だから、たとえば、近代の形成期に資本主義の矛盾を問題にした人々は、資本主義に代わって社会主義を、市民社会を協同社会に変革することを、そして国家を廃棄することを提案していた。もっともロシア革命以降の社会主義は、この初期社会主義者の提案を受けとめることはできなかったのだが。

とすると、今日の私たちには、近代という時代が形成したものとは何かを根本から検証しなおす勇気が求められていることになる。

鳥

この問題はどう考えたらよいのだろうか。こんな迷いを持つと、私はよく自然界の生きものたちの様子をみている。そうすると、ふっと、ヒントが与えられることがある。

たとえば政治とは何か。社会がある以上、ルールが生まれ、そこに政治が発生する。一番わかりやすいのは身近な鳥たちである。植物や虫たちも彼らなりのルールを持っているのだろうが、それは人間には読み取りにくい。山の動物はたまにしか姿をみせないから、よくわからない。ところが、スズメやヤマバト、ヒヨドリ、カラスといった身近な鳥は、毎日その様子をみていることもできる。

そうすると、鳥たちもまた自分たちのルールを持って暮らしていることがわかる。それは少なくとも二重のルールになっていて、ひとつはスズメのルール、ヤマバトのルールというようにつくられている自分たちの種族のルールで、もうひとつは種族をこえた鳥の世界全体のルールである。それはどちらもあまり厳しいものではなく、それぞれの行動を尊重しながら、全体としてゆるやかな共同の社会を維持するために必要なこと、といった程度である。

ところが、たまに、ルールを守らない鳥がでてくる。自分だけで餌《えさ》を独占しようとしたり、ハンディがある弱い鳥に突っかかったりというようなことなのだけれど、そういうとき他の鳥たちは、嫌な顔をしてその鳥の行動をみている。そして、そのような行動がつづくと、鳥たちは集まって会議を開く。その会議の中心にいるのは、鳥たちから一目《いちもく》置かれている鳥で、それは新しい餌場をみつけて他の鳥たちに教えたり、ハンディのある鳥を守ったりしている鳥である。この会議に、問題を起こしている鳥は呼ばれない。

こうして、問題の鳥に対する処分が決まる。面白いのは、その決定に従って問題の鳥に制裁を加えるのは、同種の間では一目置かれている一羽の鳥だけの仕事になることである。こうして一対一の対決がはじまり、他の鳥たちはその様子をみているだけである。私の知っているかぎりでは、必ず一目置かれている鳥が勝つ。ただしこの場合も、問題のある鳥が「降参」のポーズをとると対決は終わり、その鳥も十枚程度の羽毛を失うことで、あとはみんながみている前で敗北を認めることで終わる。

その後は何もなかったかのごとく鳥たちの社会が回復し、問題を起こした鳥も姿をみせたりするけれど、誰も相手にはしてくれないから、結局「共同体」からは去っていくことになる。

鳥の世界にも、私がみた範囲では、こんなふうにルールがあり、「政治」の世界が存在する。

かつての人間の社会にも、それと似たものがあったのではないかと思う。人々が暮らしていた「共同体」の社会にも、みんなが生きていくためのそれなりのルールはあったが、鳥たちと同じように、恒久的な政治機構は形成されていなかった。問題が生じると人々が集まり、会議で新しいルールを決めた。そのとき重要な役目をはたすのは、みんなから一目置かれている人、つまりみんなの信用を集めている人だった。

もちろん共同体の時代にも、藩や幕府といった恒久的な政治機構は存在したが、それは税収などの限られた分野を持っていただけで、自分たちの日々のルールは共同体が決めていた。

いうまでもなく、自分たちで自分たちの社会のルールの大半を決めていくことは、一面でのわずらわしさも持っている。だが、人々がそのわずらわしさを捨て、国家や行政に何から何までをまかすようになったとき、そこに現れてきたものは、国民として管理される私たちであり、不信感に満ちた政治の存在であり、肥大化していく官僚機構であるという現実を、いま私たちはどう考えたらよいのだろうか。政治という仕事を「権力」にゆだねた結果、その権力に魅力を感じる人々を生み、権力を維持しようとする人々の腐敗と堕落を恒常化させた。そして、私たち自身が、堕落した権力機構の被害者になってしまったのである。

この近代のパラドックスをどうとらえたらよいのか。私の「政治という仕事」に対する問いは、たえずここからはじまる。

第三章　経済という仕事

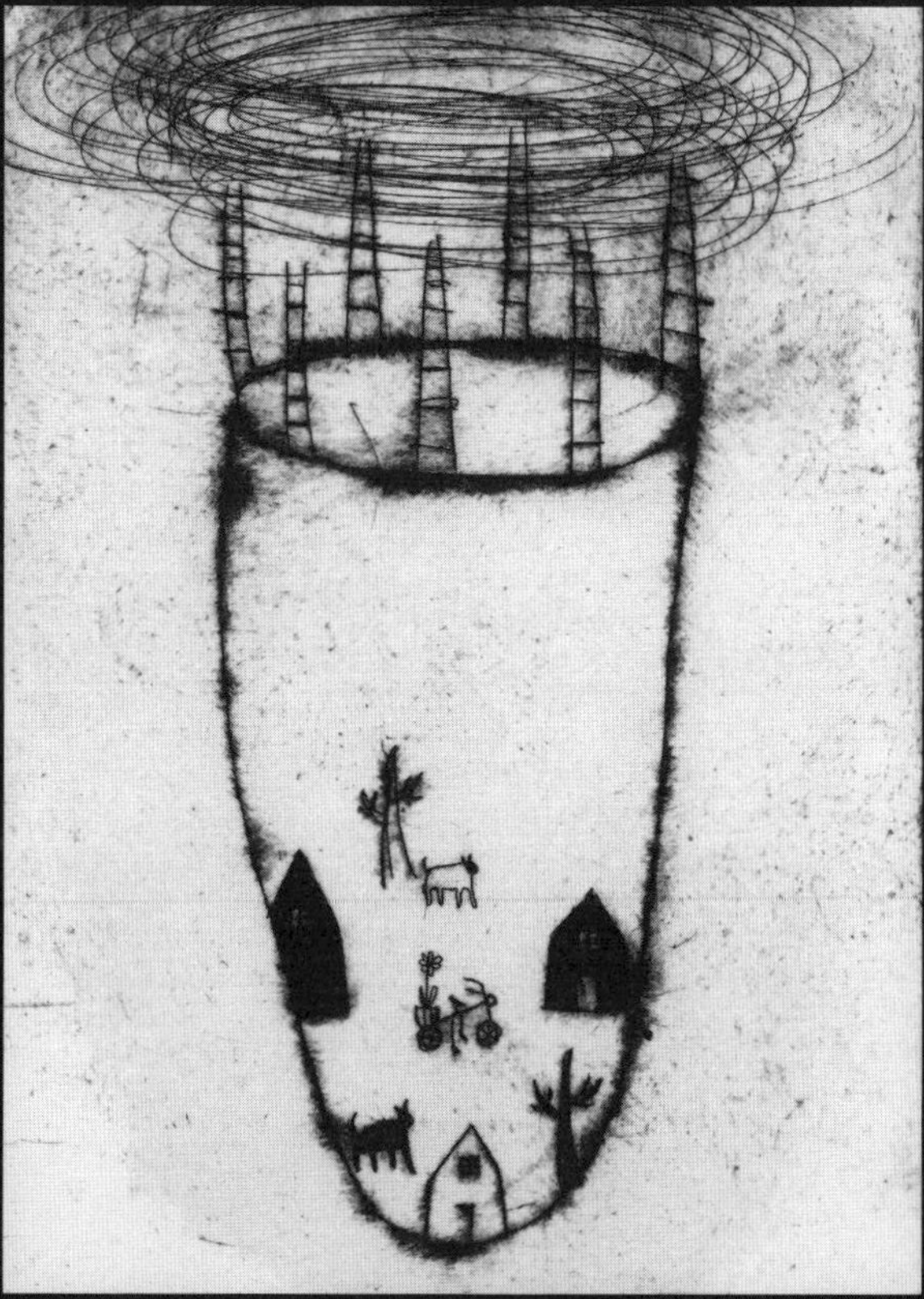

雇用

日本にかぎらず、かつて多くの人々は、家業を受け継ぐことによって仕事をしてきたのだと思う。先祖が築いた土台の上で、仕事をしていたのである。農民も、商人も、職人も、…。そして、家業を受け継がなかった人々も、新しい家業をつくりだそうとして働いていた。

人間の仕事のかたちからみれば、社会の近代化の歴史とは家業の衰退の歴史である。近代産業の登場以降、「雇用される」という新しい働き方が大量に生まれ、それまでの家業の多くも、近代産業の展開によって淘汰《とうた》されていった。

この家業から雇用への動きが近代化の流れであったとすれば、今日とは、新しい段階への模索がはじまっている時代なのかもしれない。なぜなら、雇用されることに魅力を感じない人々が現在ではふえつづけているからである。職人的な仕事や農民、ＮＰＯの仕事など、自分の力で働く仕事を希望する人々が、この十年間にどれだけふえたことだろうか。雇用され、組織のなかで働くことが、急速にいろあせてきている。

　この変化をとおして、私たちの歴史はいま何を問いかけているのか。そのことを考えながら、私は「第三章」として「経済という仕事」を考察してみようと思う。

　ところで、家業から雇用への変化がはじまったとき、最初に社会問題化したのは労働者の貧困問題であった。ところが、別の視点からこの変化をみていた人もいる。たとえば、古典経済学の祖ともいわれるイギリスの経済学者、アダム・スミスもその一人だった。スミスは『諸国民の富』（一七七六年）のなかで、近代産業がもたらした単調な労働をみながら、雇用された労働のなかに、非人間的なつまらない労働が生まれていく様子を書いている。すなわち、労働者の貧困ではなく労働の貧困をスミスは近代産業のなかに感じていたのである。

　この視点は、当時の労働者のなかでも広く共有されていた。もっとも、労働者たちは、自分の労働がつまらないものになっていくことだけに不満をいだいていたわけではなかった。雇用された結果、経営者や管理職に労働を強制され、監視される苦痛。社会や他の人々のために役立っているという実感にとぼしい労働をつづけるやりきれなさ。このような問題もあった。だから、当時の労働者たちは、雇用された労働を、人間としての誇りを持てない労働と表現した。家業という「自分の城」のなかで生きてきた人々には、雇用された労働は屈辱の労働でもあったのである。

　このような近代形成期に生じた「雇用された労働」の問題点を、その後の歴史は基本的には解決できなかったのだと思う。事態は次のように進行しただけであった。

二十世紀に入ると、先進国では、雇用されることは貧困を意味することではなくなっていった。むしろ、安定した雇用を得ることは、有利な社会階層に入ることとさえ意味していた。とともに近代産業のなかからは次々に新しい分野が生まれ、市場は全世界をターゲットにして拡大していった。それは、発展する世界のなかで仕事をするという雰囲気を生みだし、人々はそこに近代産業の光の部分をみつけだした。

ところが今日では、その光の部分がいろあせてきてしまったのである。雇用の安定が保証されなくなったという現実もある。経済的豊かさと豊かな人生の間には隔たりがあることにも私たちは気づきはじめた。グローバル化する経済が世界をこわしていく姿も私たちはみている。発展という言葉も、いままでは人々の心をとらえなくなってきた。

そしてこの少しずつ進行していく変化のなかで、近代産業の労働がもともと持っていた陰の部分が、再び人々に意識されるようになってきた。人間としての誇りを持てない労働という陰の部分が、である。

いまでは、就職が決まって明るい表情をしている学生は少ない。ホッとしてはいるけれど、二、三十年前までのように明るくはない。むしろ、暗い世界に落ちていくのではないかという、不安な表情をみせる人たちも結構多い。

この変化のなかに、私は、仕事をめぐる人々の精神の習慣が変わりつつある時代を感じる。

維持

以前に、ジョルジュ・ルフランの書いた『労働と労働者の歴史』(一九七五年、邦訳は芸立出版)を読んで驚いたことがあった。それは、一九一七年のロシア革命以降のフランスの労働運動を紹介した部分を読んでいたときだった。その頃のフランスは、国家が社会保障制度を確立していく時期にあたっている。その背景には、社会主義革命が成功したことに対する、資本主義の側の危機感があった。

この社会保障制度の確立に対して、当時のフランスの労働組合は強い反対運動を展開したのである。もっとよい社会保障制度をつくれと要求したのではなく、この制度をつくること自体に反対した。

保険料の労働者負担分が賃金から天引きされることへの不満もあったらしい。だが核心はそんなところにはなかった。ヨーロッパの労働組合は、歴史的には労働者の互助組織から出発している。職人組合がつくっていた自主的な相互扶助制度をみならいながら、働く仲間を支え合う一種の社会保障制度を自分たちでつくりだしていたのである。そのことによって、国家や企業に支配されない「自由な労働者」として生きる基盤を持っていた。だから、国による社会保障制度の確立は、労働者たちの「我らが世界」を解体しようとする政策にみえた。

このころの労働者たちとくらべれば、今日の労働者は、フランスをもふくめてずいぶんおとなしくなっている。現状維持的、あるいは保守的になったと言ってもよいのかもしれない。

この変化を促した要素としては、いくつかのものがあったのだろう。賃金の上昇や華やかな消費ももたらされている。だが一番大きな原因は、そんなところにはなかったのだと思う。とすると何が大きな要因になったのか。私はそれは今日のサラリーマンのおかれた状況であり、「サラリーマンの孤立」なのだと思う。

現代的な企業や組織で働くことが一般的な労働のかたちになったとき、職場にはたくさんの人々がいた。しかし、そこで働く人々が感じていたものは、ここに仲間の世界があるという感覚ではなかった。特に職場のなかで対立しているわけでも、労働者が競争し合っているわけでもない。それどころか協力し合うこともある。それなのに、どことなく相互の信頼がなく、一人ひとりはどことなく孤立している。そんな雰囲気がサラリーマンの社会にはひろがっている。それは、明確化できない孤立感のようなものである。

労働自体にも、同じような現象がひろがっている。労働者は現実のなかで仕事をし、うまくいったときには、それなりの達成感も感じている。それなのに、これが自分の仕事だと言い切れるような現実感は、なんとなく消えている。業務をこなしているだけという雰囲気が漂っていて、本物のリアリティーが感じられない。社会主義の思想家マルクスが『経済学・哲学草稿』（一八四三年）で使った表現を用いれば、現実性が剥離《はくり》されていくなかで生きている自分、というような感覚であろう。

サラリーマンの時代は、何となく孤立感があり何となく現実性がない社会をつくりだした。もちろんそれは、企業や組織のシステムだけによって生まれたわけではない。近代的な市民社会自体が、人々を孤立した個人へと導き、大量消費社会は、自分もまた何かに踊らされて大量消費をしているというような、リアリティーのない消費社会をつくりだした。このような社会変化や働き方の変化が重なり合って生まれた現実のなかに、いまの私たちはいる。

そしてそのことが、今日の現状維持的、その意味で保守的な基盤になっているのではなかろうか。孤立した自分、現実性のない自分を感じながら、しかし自分の生活や自分の雇用は維持していかなければならなくなったとき、私たちは現実が大きく変動しないことを何となく望むようになった。いまの収入が維持されること、自分のライフプランが破綻しないこと、いまの自分の立場が守られること。そういうことのなかにしか、自分が自分でありつづける支えがなくなった。

家業

今日の雇用の状況をみると、雇用統計のうえでは、日本は諸外国とくらべてそれほど悪い数値を示していたわけではない。たとえばフランスをみると、失業率はこの二十年ほどは10％前後であったし、二十代だけにかぎれば30％程度である。

もちろん、だからといって、日本はこれでよいというわけではないが、いまの社会には、失業率の増加といったことだけではみえない労働の問題がよこたわっている気がする。けっして失業率がすべてではない。

とすると、今日の労働にはどのような問題点があるのか。そのひとつに次のようなものがある。私たちの大多数は、自分が真剣に真面目《まじめ》に取り組むことのできる仕事をしたいと思っている。ところが現実には、そんな仕事はみつからない。だから私たちは、何となく仕事にさめていて、何となく割り切って仕事をしている。

このような状態はどこから生まれてきたのだろうか。そのことを検討するために、ひと昔前の人間と労働の関係はどうだったのかを考えてみよう。

今日のサラリーマン社会が生まれる前は、多くの人たちは家業のなかで働いていた。農民も、職人も、商人も、自分の仕事を家業としてつくりだしていた。その家業において重視されたのは、継続であり持続であった。世代から世代へと受け継がれていく継続性を、家業は何よりも大事にしたのである。

長い間には家業は傾くこともある。たとえ自分に責任はなくても、不況や社会の変化が自分の仕事を苦境に追いこむこともあるだろう。そういうことがあっても家業が継続できる最大の保証はどこにあるのか。家業の時代に人々が考えたのはそのことであった。

その保証が「信用」であった。高い信用があれば苦しいときにも応援してくれる人はいるだろう。家業に対する高い信用という無形の価値こそが、家業の担い手たちの一番大事にしたものであった。そしてだから人々は家業の信用が高められるような働き方を心がけた。もしも信用を失えば家業はいつか廃業に追いこまれるときがくると、人々は考えていたのである。

そこに真面目に働く動機があった。仕事に嘘《うそ》があってはいけないとか、人々に信頼される仕事をしなければいけないという気持ちを持ちながら、多くの人たちは自分の仕事とむき合っていた。

この気持ちは、近代産業の時代になっても、日本では受け継がれていたような気がする。家業ではなくなったかもしれないけれど、工場で物づくりをしていた人たちは、自分の労働に対する人々の信用を自分の価値としてとらえていた。それは工場で働く人たちに限ったことではなく、家業の時代に培われた信用こそが自分に対する誇りだという精神は、日本ではさまざまなところで受け継がれていたのである。その精神が真面目に働く動機になっていた。

ところが、二十世紀の後半に入ると、この労働に対する伝統的な気質は少しずつ崩れはじめる。とりわけこの二、三十年の変化は激しかった。代わって、労働に対するアメリカ的な動機が入ってくる。真面目に働いて収入をふやし、地位を向上させるという動機である。つまり、労働は「自己実現」のためにあるというアメリカ的な労働の精神がひろがった。

それは次のような問題を生じさせたように思う。収入や地位の獲得が真面目に働く動機に変われば、収入や地位の向上があまり見込めないなら、真面目に働く理由がなくなる。たとえ収入や地位に結びつかなくても自分のやりたい仕事がしたいと思っている人々も、この仕組みのなかでは、自分が真剣になるものをみいだせない。そして他方で、収入や地位の獲得を労働の動機としその目的を達成しつつあると考えている人々は、自分を「成功者」とみたてて傲慢《ごうまん》になっていく。

労働に対する動機と「信用を高める」こととが結びつかなくなったとき、日本の社会は、真面目に働くことの意味を見失ったのである。その結果、多くの人たちは真面目に真剣に働きたいのに、その情熱をむけることのできる仕事がみつからないという今日の状況が生まれた。

労働観

上野村で暮らしているときは、たえず自然がみえている。景色として自然がみえるだけではなく、自然との結びつきを持ちながら働き暮らす自分や村人の様子がみえているのである。大多数の人々は、長い間、そんな暮らしをしてきたのだろうと思う。自然に支えられ、ときには自然に打ちのめされながら、自分たちの働き生きる世界をつくってきた。

それはどこの国の人々でも同じであって、そこから、その地域の人々の基層的な労働観がつくられた。日本をみれば、日本的な自然に包まれて田畑をつくり、山や川、海に入り、村をつくりながら生きてきた人々の労働観が生まれたのである。

とすると、この労働観とは何だったのだろう。私は、それは修業と貢献という言葉に集約されるものだったのではないかと考えている。労働のなかに修業をみる、つまり労働のなかに技術や知識、判断力などが向上していく過程を期待する心情と、自分の労働が何かに役立っていてほしいと願う心情である。

このような心情を、伝統的な農山漁村の暮らしはつくりだした。なぜなら嵐《あらし》もあれば旱魃《かんばつ》もある、冷夏もあれば豪雪もある変化の激しい自然のなかで安定した村の暮らしをつくろうとすれば、人間はさまざまな能力を高めつづけなければならなかったし、お互いに貢献しあう生き方をせざるをえなかったからである。労働をとおして自分の能力を高め、何かに貢献しながら働けることを理想とする心情が、ここから生まれた。

面白いのは、この基層的な労働観をいまでも私たちはどこかに持ちつづけていることである。都市の企業や組織で働く人々が大多数になり、自然との関係もみえない働き方をしているのに、私たちは労働が単なる肉体や精神の消耗に終わらず、自分の能力が向上し、自分の労働が何かに役立っていると感じるとき、私たちは労働に働きがいをみいだす心情をいまも持っている。

逆に述べれば、自分の能力の向上に結びつかない労働や、何かへの貢献を感じとれない労働に対しては、それをつづける意欲がわいてこない。時代が変わっても、長い時間をかけて育《はぐく》まれてきたその社会の基層的な精神は、案外変わらないのである。

こんなふうに考えていくと、人間の経済活動は経済原理にしたがった合理性だけでは展開していない、ということがわかってくる。今日の市場経済の合理性からみれば、基層的な労働観などどうでもよい。そんなものは経済活動を展開させていく指標にはならないだろう。なぜなら今日の市場経済は、市場をとおして競争し利潤をあげていくことを目標にしているのであり、人間はそのための道具にすぎない。人間はこのシステムのなかの一要素である。しかもその市場経済はグローバル化している以上、それぞれの社会が育んできた基層的な労働観など無視して、世界市場や国境を越えた経済活動を展開させているのが今日の市場経済である。

ところが、市場経済の原理はそういうものであっても、その経済を動かしているのもまた人間である。そして、その人間たちは、自分の労働観を持ちながら仕事をしようとする。経済原理だけで働いているわけではない。ここに、現実の経済活動の矛盾があるのだと思う。市場経済は原理的には、経済論理の合理性だけで動こうとし、しかしそこで働いている人々は、人間としての心情を持ちながら働こうとする。

経済活動がグローバル化している今日表面化してきたことのひとつは、このような問題ではないかという気がする。経済が市場原理にしたがおうとすればするほど、そこで働く人々は、働く情熱を後退させていく。日本でいえば、修業も貢献もみいだせない労働から感じとれるものは、日々の疲れだけになってしまう。

今日では、以前のように定年後も働きつづけたいと考える人は少なくなった。企業を早くやめて、職人的な仕事をしたり農民になりたいと考える人も、「ボランティア」的な仕事の方を大事にする人もふえてきた。

経済原理が重視されるようになったとき、皮肉なことに、市場経済は人間の労働意欲の低下という現実をみせはじめたのである。

自然価値説

十八世紀後半のフランスの経済学をリードした経済学者に、フランソワ・ケネーという人がいた。日本では「重農主義」の経済学者として教科書にでてくる。

彼の経済学は、フランスの外では「奇妙な経済学」にしかみえなかったらしい。それもそのはずで、ケネーは、人間の労働が社会の富の増加をもたらすことを認めようとはしなかった。彼は言った。人間の労働は確かに新しい富を生むが、その過程では同じ量だけ富が消費されている、と。つまり労働とは、富の生産と消費が同じ量だけおこなわれている過程にすぎないと考えたのである。

とすると、社会的な富の総量は永遠にふえないのだろうか。そうではない、とケネーは述べる。農業だけは富を増加させている、と。なぜなら農業には自然の生産力が加わっている。彼は社会の富の総量は自然の生産力によってもたらされた分以上にはふえないと考えていた。

最近ではケネーの経済学は再評価される傾向にあるのだけれど、歴史的には、十九世紀になってフランスでも産業革命が起こってくると、彼の理論は「忘れ去られた経済学」になっていった。産業革命は、人間の労働がすべての価値の源泉だという人間中心主義的な労働価値説とともに展開している。その雰囲気のなかでは、自然こそ価値の源泉だというケネーの自然価値説は忘れ去られていく運命にあったのである。

ところで、彼はなぜこのような「奇妙な経済学」を構想したのであろうか。その理由のひとつに、彼が小作人の子であり貧しい農民の出身であったことが関係していたのは間違いない。ケネーは、自然に支えられながら人々が自分の役割をこなしていく、農民的労働の世界をよく知っていた。そこには、自然と労働が共同で富を生みだしていく営みがあった。そして、このような労働が中心におかれた社会では、労働は人間の欲望や目的意識だけで成り立つものではないことも知っていた。自然に包まれて役割をこなし、社会のなかで役割をこなすところに、労働はあったのである。

だから、自然を排除した人間の労働しかみない経済活動には、彼は生産と消費の過程しかみいだせなかった。それは「貧しい労働」にみえたのである。農民的世界の労働には、自然と社会という、自分の労働の価値や意味を教えてくれる同伴者がいたのに、「工業や商業」ではこの同伴者が消えていると彼は考えていた。

そして実際、産業革命は、人間の欲望や目的意識がすべてを支配する、新しい人間中心主義を経済活動として定着させたのである。

だが、そのとき、人間は自分の労働を見失いはじめたのではないかと私は思っている。人間中心主義的な労働観は、次第に、自己中心的な労働観を醸成していった。自然や社会という、自分の労働の価値や役割を教えてくれる同伴者を捨てたとき、人間は自分の労働の価値や役割を自分で発見しなければならなくなった。自然にそれを知ることができなくなったのである。こうして、自分の目的を実現するために働く時代がはじまる。たとえば生活のためであれ、社会に何らかの有益性をもたらすという目的であれ、労働は自分の目的の実現手段になった。労働は、自己中心主義的な行為になっていった。

ところが、その労働の目的はたえずぼやけていく。生活のためといっても、自分が本当にそういう生活を欲しているのかどうかがよくわからないのだから、それは自分は生活のために働いているのだという思い込みを自分に強制することでしかない。社会のためといっても同じようなもので、自分で考えている自分の労働の有益性を他者は認めていないのが現実である。労働の目的はたえずぼやけつづけ、そしてそれがゆえに、自分の労働の目的に対する強い思い込みが必要になる。それが人間中心主義的であり、自己中心主義的である時代の労働の姿である。自分の労働に対する自己幻想が、働く意味をかろうじてみつけさせる時代を生んだ。

ケネーがみていたような労働の世界を捨てたとき、自然だけではなく、人間の労働も隘路《あいろ》に迷い込んだのである。

視点

日本でよく耳にした話に、次のようなものがある。〈欧米では労働は労苦、苦役だと考えられてきた。だから欧米の人々は、定年になって自分の人生を十分に楽しめるようになる日を楽しみにしている。ところが日本人は労働を生きがいだと考えているから、いつまでも働きたいという希望を持ち、自分の人生の楽しみ方を知らない〉

この広く流布している説が正しいのかと問われれば、私は戸惑うしかない。なぜならこの説は、労働に対してこういう見方をする人がいる、ということを示しているだけであって、それ以上の意味があるわけではないからである。

もちろん、この説に対して反論を加えることもできる。たとえば、ヨーロッパ中世の石工たちが残した文章をみても、彼らは自分の労働をそんなに単純にはとらえていなかった。石工たちは、依頼があると石で橋や教会、家などをつくり、完成すると別の依頼主の元へと移る移動職人集団を形成しながら働き、暮らしていた。当然彼らの労働のなかにも、苦しさや大変な面もあった。だがそれだけではなく、建物が完成したときの喜びや、自分の技が向上していくことに対する確かな喜びも存在していた。労働は単なる労苦ではなかったのである。とすると、なぜ〈欧米の人たちは労働を労苦としてとらえ…〉という説が生まれたのだろうか。それは、こういうことだと思えばよい。

私は、労働には定まった概念や定義など存在しないのだと思う。それはいくつあっても構わない。なぜなら労働は、概念や定義によってつくられたものではないからである。人々は太古の昔から労働をつづけてきた。つまり労働の概念や定義は、実際におこなわれてきた労働を、どのような視点からとらえているのかを表明したものにすぎず、だとするなら、視点が異なれば、違う労働の概念や定義がつくられてもそれは当然のことであろう。だから労働を労苦としてとらえる人がいても、そういう見方をする人がいるという以上のことではない。

ただし、次のようなことは無視するわけにはいかない。それは、労働をどうとらえるかによって、その先にみえてくる世界が変わるということである。労働の概念や定義が持つ意味はこのことのほうにある。たとえば、労働を労苦としてとらえれば、労働時間の外に生きがいや楽しみをみいだす他《ほか》ない人間の世界がみえてくる。そこからは、労働時間の縮小が人間の自由度を増加させるという発想が導き出され、この視点からの社会改革が視野に入ってくる。

つまり、労働にそういう概念や定義を与えることによって、何がみえてくるのかが重要なのであって、労働がその定義どおりのものだということではないのである。しかも、その概念や定義には時代の流行がある。たとえば日本で「会社人間」批判や、日本人の余暇の貧困が論じられたとき、「日本人は労働を生きがいと考えているから…」という説が流行したように。

労働とは何かを問う視点は時代とともに変わり、その変遷のなかに、人々が労働に何を問おうとしているのかが映し出される。

このような視点からみていくと、今日では、労働は労苦なのか、生きがいなのかという問いも、一時代前のものになってきた。なぜなら現在は、多くの人たちが働きがいのある仕事、一生つづけるに値する仕事とは何かを探している時代だからである。仕事が生きがいかどうかではなく、生きがいを感じられる仕事とは何かを考えている。

それはこういうことなのである。私たちはいま市場経済の社会で暮らしている。その市場とは、もともとは人間が豊かに暮らしていくための交換の場であり、手段にすぎなかった。ところが、いつの間にか、その手段であったはずのものが経済活動の主役になり、目的になってしまった。豊かに生きることとかけ離れたところで、市場経済の活性化が自己目的化されるようになった。その結果、そのもとで働くことが豊かで有意義な仕事をしていると人々に感じさせなくなってきた。

市場経済は、そのもとで働く人々の気持ちをひきつけなくなってきたのである。

風土

私たちは日常会話のなかで、そうとは意識せずに、伝統的な用語法を用いていることがある。それは、その用語法と結びついている発想を、私たちが受け継いでいることを意味する。

たとえば仕事の後でよく使われた言葉に、「今日はハカがいった」という言い方がある。いうまでもなく、仕事の量がたくさんできたという意味で、漢字で書くと「ハカ」は「計」、「量」、「捗」となる。『万葉集』にもでてくる古い言葉である。

日本の伝統的な表現法では、仕事について語るとき、「私が仕事をした」「私は何時間働いてこれだけの価値を生みだした」というように「私」の側から話すのではなく、できあがった「仕事」の側から語るほうが好まれたのである。

この表現の奥には、日本の自然と人間の関係から生まれた日本的な基層精神があるような気がする。日本では、人間が一歩下がって自然を尊ぶかたちで、伝統的な自然―人間関係がつくられてきた。人間が中心になった世界観をつくりあげたヨーロッパとは違う。自然の前で一歩「身を引く」かたちで人間が生きる、この自然―人間関係が、自分を主体にしないでものごとを語る精神をつくりだした。とすると、自分の行為を前面に出さず、「ハカがいった」というようなかたちで仕事を語る表現法も、日本の基層的な精神とどこかで結ばれているのではないだろうか。

いまでも伝統的な仕事をしている人々は、「自分が努力して技術を身につけた」という言い方より、「木に教わって覚えた」とか、「土に教わった」、「自然に教えてもらった」というような表現法を好む。ここでも自分が主体なのではなく、自分は影響を受けた側なのである。

この精神風土が、日本の人々の仕事に対する姿勢をつくりだした。さまざまなものから教わりながら生みだされた、仕事の結果を大事にする。「仕事に嘘《うそ》があってはいけない」というような言い方は、ここから生まれた。仕事自体が、いつわりのないものでなければいけないのである。

このような視点から考えていくと、今日変容しつつあるのは、この仕事に対するとらえ方であることがわかる。たとえば現在導入されつつある「成果主義」という賃金制度は、「自分の労働は企業にこれだけの価値をもたらした」と主張し、自分の生みだした価値にふさわしい賃金を受け取ろうとするシステムである。もちろん企業がそれを正当に評価するとはかぎらないが、そのときは自分の労働価値を正しく評価してくれる企業を探せばよい、ということになる。

人間が自分の労働力の売り手になり、この労働力という商品の価値を正当に評価してくれる買い手を探す。今日の変化は、こんな方向にむかっている。

しかしこの変化は、日本では本当には定着しないだろう。なぜならこの仕事観は、日本の精神風土に合わないからである。長い時間のなかで定着してきた基層的な精神に合わないシステムは、働く人々にストレスを与えるばかりになる。自分の基本的な姿勢が現実と適応できないことからくるストレスである。そのストレスが、一方では疲れを蓄積させ、他方ではそれまでの労働倫理を破壊しながら、「荒れた市場経済社会」を形成してしまうことになるだろう。

資本主義は、合理的に経済価値を生産し、蓄積していくシステムとしてつくられている。ところが、このシステムの担い手が人間である以上、合理性だけではうまく動かない。人間はひとつの風土のなかで生まれ、その風土がつくりだしたさまざまな考え方を身につけている。その精神風土のなかで、喜びや充足感、豊かさなどを感じとっていく。

とすると、資本主義的な経済の下においてさえ、世界にはいろいろな仕事の世界が形成されてこそ正常だということになる。一元的なグローバル化は、労働の荒廃と経済の荒廃を生みだすだけである。

日本の人々は長い間、「仕事をやりました」ではなく、「仕事をやらせてもらった」と言いながら暮らしてきた。ところが今日では、「やらせてもらった」と言いながらも自分の仕事に誇りが持てる、労働の前提にあった経済システムがこわれてきた。

成り上がり

一九八〇年代に入ったころのある日、私は、フランスの大企業のパリの本社を訪ねた。そのとき、玄関で門番が私をとがめた。「ここは君の入る入口ではない」。そして言った。「労働者の入口は向こうだ」。私の雰囲気が労働者的だったのだろう。仕方なく私は本社のA氏と約束があることを説明した。門番はけげんそうな顔をしながらもA氏に電話をし、約束を確認すると私の入場を許可した。

フランスにかぎらず、ヨーロッパの社会は、日本と較べればはるかに階級社会である。労働者と「上」の階級の人々は、全く別の世界を生きていると考えたほうがよい。もちろん、労働観も階級によって異なっている。

といっても、近代以前の社会では、世界の人々の労働観はさほど違いのあるものではなかったのだろうと私は考えている。それまでは、どこの地域の人々も自然とむきあい、共同体を形成しながら暮らしていた。人々は、どのような職業の人であれ自分の技に誇りを持っていた。すなわち、労働を包んでいる世界のあり方はかなり似ていたのである。とすれば、この世界のなかで生きた人々の労働観がそう大きく異なるとは思えない。歴史的、文化的な違いや、自然の違いからくる相違はあったとしても、である。

ところが近代社会が形成されてくると、人々の労働観は、国によって大きく異なるようになった。なぜなら、近代産業のもとでは、人々は労働のなかで自然とむきあうことも少なくなり、共同体や技をもっとも大事なものと考える社会風土もこわれて、それぞれの国の社会制度や経済システムが労働に大きな影響を与えるようになったからである。そして、この近代的な社会制度や経済システムの影響下で、新しい労働観が生まれた。

ヨーロッパでは、はっきりした階級社会を基礎にして近代的な社会制度や経済システムが生まれ、その結果、「上」の階級と労働者の労働観が異なるものになっていった。「上」の階級の人々は自分の理念を実現していくために自分は働いていると考え、労働者は、労働とは賃金と引き換えに何時間か拘束されて働くこと以上のものではない、という労働観を持っている。すなわち、「上」の階級の人々にとっては、労働とは自分の支配圏を拡大していく、その意味で出世するための方法であり、労働者にとっては、疲労しかもたらされない収入源である。

このヨーロッパと較《くら》べれば、日本にはここまで明確な階級社会は形成されなかった。ほんのわずかな例外を除いて、労働者として入社すれば生涯労働者でありつづける他《ほか》ないといったヨーロッパ的な階級固定はほとんど存在せず、賃金をみても、日本にはヨーロッパのような激しい階級間格差は存在してこなかった。そして、それが日本の人々の労働観に影響を与えたからこそ、日本の人々は収入のために働くという労働者的な一面を持ちながらも、それだけでは終わらない労働意欲もあわせ持つという独特の労働観を社会のなかに定着させてきた。

このような視点からみれば、アメリカの労働観にもまた独特のものがある。ヨーロッパ人の占領によって生まれたアメリカは一面では階級社会を形成している。だが、占領者＝移民たちが成り上がっていく社会という性格も持っている。そして、この「成り上がり」を美徳とする心情がアメリカンドリームをつくりだし、それをめざす人々のなかではときに階級間移動が可能になる。つまり多くの労働者はヨーロッパと同じように賃金のために働くという労働観を持ち、そこに固定化されているが、他方で「成り上がり」を可能にする階級間移動がおこり、そこから生まれる「成功者」たちの労働観は富と権力の獲得と結ばれている。

はじめに述べたように、近代社会が形成されたとき、人々の労働観は国によって異なるものになっていったと私は考えている。ところが今日では、その違いが解消される方向にむかっている。それが労働の視点からみたときの現在のグローバル化であり、このグローバル化は世界のアメリカ化として進行している。とするとグローバル化の先にみえるものは、「成り上がり」可能な階級社会でしかないことになる。このような時代状況のなかで、私は「成り上がる」ことより自分の仕事を大事にしたいと考えている人々に視線をあわせつづけたい。

「労働証書」

十九世紀のヨーロッパで社会主義運動が台頭しはじめたころ、この運動の担い手たちの提案のひとつに、「労働」と「支払い」を分離するというものがあった。彼らは、金のために働くことは人間の尊厳に対する侮辱だと考えていた。労働は創造的な行為であり、純粋に労働としてのみおこなわれるべきだ。それは作曲家や画家が作品を創造することに没頭するのと同じ営みであるべきなのだ。ところが現実には、金のために多くの人々が働いている。それを直さないかぎり人間の尊厳は取り戻せない。

当時の社会主義者たちはこんなふうに考え、具体的には次のような提案をおこなっていた。どのような仕事をした場合でもその仕事が終わったときに、何時間働いたかを記した「労働証書」を受け取る。お金が必要になったとき、労働者はこの「労働証書」を持って銀行に行く。そうすると、証書に記された労働時間分の支払いを受けることができる。

もしもこの方法が実現すれば、支払いのうえでは、すべての労働は平等だということになる。だがそれだけなら、すべての賃金を同一にすればすむ。それなのに、なぜ「労働証書」制という方式にこだわったのだろう。それは、お金と労働を分離したかったからである。

十九世紀に活躍したフランスの社会主義者、ルイ・ブランは、社会主義社会のイメージを、人々が能力に応じて働き、必要に応じ「受ける」ことのできる社会として描いている。誰もが自分の能力を生かして働き、誰もが暮らしていくうえで必要なものを受け取ることのできる社会、というイメージである。金のために働く必要がなくなって、人々が純粋な創造的営みとして労働をおこなえる社会こそが、当時の社会主義者たちの思い描く理想の社会だった。

私はいまでも、当時の初期社会主義者たちのこのような議論を振り返ると、さわやかな気持ちになる。彼らは、人間らしさを守るためには労働はどうあったらよいのかを一所懸命考えていた。お金に人間が支配されるのは非人間的なことだと考え、それを解決するにはどうすればよいのかを議論していた。

それと較べると、現在の私たちの社会はずいぶん下品になったという気がする。利益、収益、成果に応じた賃金、そんなことばかりが論じられている。もちろん企業を維持していくためには利益も必要だろう。企業が倒産すれば雇用も失われる。それに現実の経済は、市場での競争のなかで展開している。しかし、そんなことはわかっていても、私たちはときには原点に戻って、労働とは何なのか、お金の社会とは何なのかを純粋に議論してもよいはずなのに、そういう雰囲気が社会の表面からは消えている。

「現実はこうなっているのだから」という議論だけにとどまっていたら、人間は頽廃《たいはい》するばかりなのだと思う。その現実をどう変えたらよいのかをみつけだしていく想像力、構想力をも、私たちは持ちつづけていたい。

もしかするとこの問題は、人間が視野に収めている時間の長さの違いからきているのかもしれない。なぜなら短い時間だけを視野に収めていると、人間はどうしても現実ばかりを考えるようになるからである。今日のこと、明日のこと、今年のこと、そういう短い時間のことだけに思考を奪われていれば、私たちは現実を重視せざるをえなくなる。根本から考え直そうという気持ちは、ここからは生まれにくい。

現代の資本主義の強さは、このことと関係している。今日の経済は、さまざまな変化やその変化への対応力を人々に求めつづける。変化の速さと素早い対応力こそが力だと教えつづけている。そして、そのことによって、人間の思考力を現実のなかに押し込めた。

長い時間を視野に収めながらいつの日か実現するかもしれない理想を追いかける思考力を、そのことが弱めてしまったのである。つまり、人間を「日々のこと」を考えるだけで精一杯にすることによって、ものごとを原点から考え直す余裕を人間から失わさせ、それを今日の経済システムの強さにしている。

経済哲学の視点からは、今日の経済はそんなふうにみえてくる。

地域

上野村がある群馬県は、かつては長野県などと並ぶ養蚕地帯であった。私が上野村を訪れるようになった三十年余り前には、この村にもまだ多くの桑畑が残っていた。

私の村の家から三、四十分車を走らせたところに、群馬県富岡市がある。明治に入ると、ここに官営の近代的な製糸工場が建設された。この富岡製糸は、いまでも明治時代の近代建築の風格を漂わせている。ところが、群馬の人々は、今日なおこの製糸工場に案外冷たい視線を浴びせている。

富岡製糸には、群馬県産の繭《まゆ》は全く納入されていなかったらしい。大量生産工場が原料として求める繭は、品質としても価格的にも、農家にとっては魅力のあるものではなかった。といっても、近代的な製糸工場が動きだした以上、養蚕農家も、紡糸、織にたずさわる人々も、この工場と市場で対決せざるをえなくなったことに変わりはない。

ここから、明治期の群馬県の養蚕、紡糸、織の改革がすすんだ。品質の高い繭をつくり、高級糸や絹織物を生産しようとして、農家から織の職人までが、さらに彼らを支える道具や機械をつくる町や村の職人も加わって、この改革はすすめられた。いまでも群馬県の機械工業は、このときの道具、機械生産を出発点とする企業に支えられている、という面をもっている。農家や地域とともに頑張った職人たちが、特殊な技術を生みだし、その技術を土台として生まれた企業が、今日なお、小さくても世界に販路をもつ職人企業として生き残っているのである。

富岡製糸は日本の近代産業の幕開けであっても、群馬の近代産業ではなかった。むしろ官営の近代産業と対決した農民や職人たちが、群馬の近代産業の歴史をつくりだした。この歴史が、富岡製糸に浴びせる冷たい視線として、群馬の地には残っている。

おそらく同じような例は、明治期には全国各地で生じていたのではないかと思う。それが新しい地場産業を生み、いまも日本の製造業の土台を支えつづける中小企業群をつくりだした。ところでこの経緯は、次のように考えることもできると私は思っている。明治に入り、上からの資本主義化をすすめた人々が視野に収めていたものは、日本が欧米諸国と対等の力をつけることであり、そのための近代産業の育成であった。彼らは、グローバルな世界のなかに投げ込まれていく日本をみていた。

ところが、この動きに対抗した農民や職人たちが視野に収めていたものは、それだけではなかった。この人たちもおそらく、開国した日本の現実は知っていたことだろう。生糸や絹織物は江戸時代の代表的な輸出産品であったのだから、彼らに世界の情報が伝わっていないはずはない。だがそれだけではなかった。この農民や職人たちの目には、労働のなかに、自分たちの暮らす地域や、自然と関わりながら生きる人たちがみえていた。だから、国がつくった官営製糸工場に対抗して、地域や地域の自然とともに生きる人々を守ろうとした。それが、明治期の養蚕、紡糸、織の改良をすすめさせ、民衆の力による近代産業の展開を導いた。

世界のなかの日本というところでその視点が止まっていた人々と、その奥に地域や自然と関わりながら働き暮らす人たちがいることをみていた人々。いまになってみると、私はこの両者の間にある違いについて、もっと深く掘り下げる必要があったという気がする。

市場経済には、地域や自然との結びつきを持つことなく展開していくものと、この結びつきを視野に収めながら営まれていくものとがある。前者は企業活動の拡大をめざして、企業にとっての有利な条件さえみつかれば、どんな部門にもどんな国々にも進出していった。だが後者はそうではなかった。労働のなかに地域や自然との関わりをみつづけたのである。

私たちの近代史は、その両者の違いを十分に吟味しないままにすすんだ。すべてが、経済発展という一言で片付けられてきた。そのことが、経済活動のなかの大事にしなければならないものを忘れさせ、経済は発展しても何かが失われている今日の状況を生みだした。

異端

十九世紀が終わる頃までは、どこの国の人々も多かれ少なかれ自分の仕事にこだわりを持っていた。その頃までは、「よき仕事人」であるという評価は、人々にとって他の何ものにも代えがたい誇りであった。

ところが二十世紀に入ると、違う傾向が生まれてくる。労働は経済的な効率だけを尺度としておこなわれるようになり、多くの人々にとって、労働は面白いものではなくなっていった。経済的な意味以外では労働はさほど重要ではなくなり、そのことが「よき生活者」という考え方を生んだ。労働の外で生活を楽しむことが大事だと考えるようになったのである。

この変化は、二十世紀初頭のアメリカからはじまっている。アメリカで大量生産型の工場が生まれ、この工場では物づくりの過程が細分化され、一つひとつの労働は単純労働化していた。労働者には、単純な労働を効率よく繰り返すことが要求され、労働は作業能率に変わった。経験を積みながら技を深めてきた労働者の世界や、自分の技を誇りにして働いた人々の世界が、一掃されはじめたのである。

この「改革」をおこなった代表的な人物に、アメリカ人のテーラーとフォードがいる。彼らは細かい分業体制をつくりながら、時間効率を基準にして作業を管理する経済社会の仕組みをつくりあげたのである。その結果労働はつまらないものになり、生きがいを感じるものではなくなっていった。工場では労働は収入を得るための作業にすぎなくなり、労働に生きがいをみつけられなくなった人々は、生活を楽しむことに人生の目的をみいだしていくようになる。

こうして二十世紀の歴史は、経済の時代を、生活と消費の時代を、余暇と娯楽の時代を開いていくのである。労働が持っていた、経済的価値以外のものを切り捨てることによって。

といっても、その展開は国によって異なっていた。なぜなら労働についての考え方は、その国の歴史や文化などの影響を受けるからである。

アメリカは移民の国、開拓民の国であった。移住してきた人々は、自分の生きる基盤をつくるために働き、経済的基盤を確立するために働いていた。十九世紀のフランスの政治社会学者、トクヴィルの表現を借りれば、富と地位をえることが労働の目的のすべてだった。すなわち、経済だけでは築けない歴史や文化と労働が結びつくのに必要な時間の蓄積が、アメリカの社会にはなかった。

この土壌の上に、アメリカでは、二十世紀の工場改革や労働改革がはじまっている。だから、労働の目的は経済的な収入にあり、収入の多さが成功者の証《あかし》になるといった「理念」が、社会に簡単に根づくことができた。

ところが、同じ二十世紀の労働システムが導入されても、日本での展開はアメリカとは異なっていた。日本でも細かい分業化がすすめられ、作業の時間効率が求められるようになったけれど、それでも多くの人々は、労働に経済だけではない価値をみいだそうとし、働くのはお金のためと割り切ろうとはしなかった。働きがいのない仕事を人々は好まず、労働をとおして自分の有意義な人生をつかむという精神の習慣を手放そうとはしなかった。

日本の歴史は、労働を人間の存在をかけた営みとして、あるいは文化的な営みとしてもみる精神も定着させていた。それだけの時間の蓄積が歴史のなかにあったのである。だから人々は、自分の仕事の仕方にこだわりを持ちつづけた。日本では、経済的価値しかみえない仕事は一生をかけるに値しない仕事、尊敬されない仕事でありつづけたのである。そんな仕事よりは、たとえ収入は多くなくとも、確かな物づくりや、作物を育てる仕事、人々の暮らしに貢献できる仕事のほうが価値があると、いまでも多くの人々は考える。

もっとも今日一部の人々には、この日本的な労働文化が経済発展の桎梏《しっこく》だとみえているようである。彼らは、日本をアメリカ的な市場万能主義、経済万能主義の社会に変えようと試みている。しかし、その試みは失敗するだろうと私は思っている。なぜなら本当は、アメリカ的単純さこそが世界の異端なのだから。

貨幣愛

私たちの社会は、さまざまなものを生産し、流通させながら展開している。その過程では、たえず新しい技術が生まれ、多くの情報が行き交う。その点では私たちは、経済社会のなかに生きているといってもよい。

ところが、面白いことに、私たちが大事にしているものは、経済の論理の外にあるものがほとんどである。たとえば自然を大事にしようと思うとき、私たちはむしろ、自然を経済の論理で取り扱ってはいけないと考えている。家族や友人たちとの営みのなかにも、投資効果などという考え方を導入することはない。

仕事のなかでさえそうである。確かに私たちは、経済の論理に組み込まれて仕事をしているけれど、仕事のなかで大事にしているものは、経済の論理では説明できないものが多い。たとえば農民は経済活動として農業をするが、作物を育てていくときの気持ちは経済の論理に支配されていない。企業のなかにおいてさえ、一人ひとりは、自分の仕事の社会性や有益性などにこだわる。自分が信頼されていることを誇りにし、何かに役立つ人間であろうとする。とすると、市場の論理から導き出された経済活動と人々の仕事の論理とは、どこかで重なりあいながらも、どこかでくい違いつづけていることになる。

私はこのくい違いが、市場経済の社会の頽廃《たいはい》をくい止める役割をはたしているのだと思う。

二十世紀の有名な経済学者の一人に、イギリスのケインズがいる。彼は国家が積極的に経済活動に介入することを求めた経済学者であった。不況時には金利を下げ、公共事業をふやして、国家が政策的に「有効需要」をつくる。逆に景気が過熱したときには、金利を上げ、国家の財政出動を抑える。つまりケインズは国家の経済政策によって市場をコントロールし、経済を安定させることが重要だと考えていた。

ケインズは、〈資本主義ほど効率的な経済システムを私は他《ほか》に知らない〉と発言している。彼は資本主義を支持した。ところが、経済活動への国家の介入も求めた。なぜだったのだろう。

それは、ケインズに、資本主義の社会は必ず人間を頽廃させ、社会を頽廃させるだろうという確かな予感があったからである。資本主義という経済システムがなぜ効率的なのかといえば、それは貨幣ですべてが決算されていくシステムだからだと彼は考えた。ところが、そのために、交換手段にすぎなかった貨幣がいつの間にか経済の目的になり、人々も企業も、貨幣を獲得し、ふやすことをめざすようになる。こうして、ケインズの言葉を使うなら「貨幣愛」がひろがり、それが人間や社会を蝕《むしば》んでいく。なぜなら、効率よく貨幣を獲得し、ふやすことをめざすなら、真面目に農業をしたり物づくりをしたりすることは、つまり真面目に働くことは割に合わず、そんなことより投機的な活動のほうが手っ取り早いからである。

　この風潮がひろがると、人間も社会も頽廃していく。だから彼は、投機的な活動を抑えるために、貨幣価値の安定に国家は責任を持つべきだと主張した。インフレやデフレは投機的な活動に有利な条件をつくる、と。

　といっても、ケインズは経済社会の未来に対しては悲観的だった。国家の有効な政策によって頽廃を遅らせることはできても、この問題を解決することはできないと考えていた。貨幣を用いた市場経済の持つ有利さが、頽廃の原因になってしまうからである。

　だから、ケインズは、一九一七年の社会主義革命直後のソ連にかすかな期待をいだいたことがある。〈ソ連の実験は必ず失敗するだろう。しかし、私はこの実験を温かく見守りたい〉と彼は述べた。〈もしかするとソ連は、貨幣愛のない社会をつくりだしてくれるかもしれない。もしそれができたら、人類にとってどれだけ幸せなことか〉と。

　市場経済は、私たちにとっても便利で安易なシステムである。ここではお金さえあれば大半のことは解決できる。しかし、このシステムに疑いを持つことなく埋没すると、何かがこわれ、人間も社会も蝕まれるように頽廃していく。とすれば、どうすればよいのか。試されているのは、私たちの想像力であり、構想力である。

第四章　自然に支えられた仕事

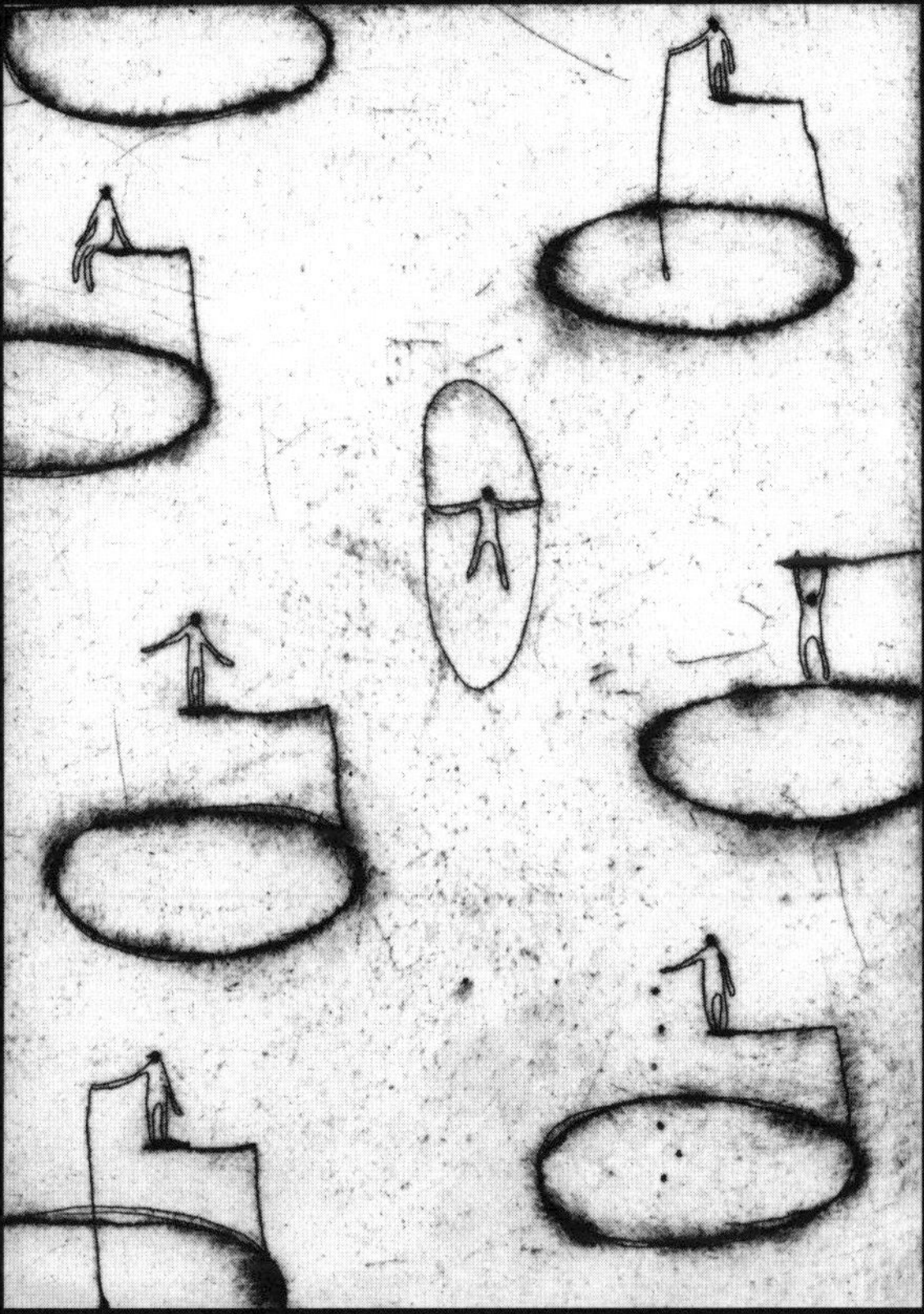

共振

八月の私は、夏野菜の手入れや収穫、秋野菜の準備と、群馬県上野村での畑仕事が忙しい。ときどき、トンボの舞う空に秋が近づいていることを感じる。といっても、夏の陽ざしは容赦なく照りつづけていて、汗が服をぬらしていく。

そんな日々を送っていると、ふと祖父の話を思いだすことがある。祖父は私が小さいときに亡くなった。だから思いだすといっても、記憶のなかにあるのは伝え聞いた話だけである。

祖父は名古屋郊外の禅寺の僧侶であった。時間を空けてはよく畑仕事をしたらしい。なぜ畑を耕すのかと聞かれると、畑仕事に勝《まさ》る修行はないと話した。人間は自分の力で生きていると思っているけれど、畑を耕しているとそれは人間の思い上がりだということがわかってくる。作物を育てているのは自然の力である。人間はほんの少し力添えをしているにすぎない。

しかも人間の力添えも、自分の力だけでおこなっているわけではない。昔、ここに畑を作った人たちがいる。その畑を受け継いできた人々がいる。農の技術や農の営みとともに展開する里をつくってきた人々もいる。そういう歴史のなかで、自分はほんの少し新しい力添えをしているにすぎないことが土を耕しているとわかってくる。

この歴史と自然に支えられて人間は生きている。その意味で人間の力はちっぽけだ。ところがこのちっぽけな人間が、我欲をいだき、虚しく尊大な人間であろうとする。だから、人間は自分を見失い、自然の一員になることもできない。それなのに、こんな人間たちでさえ自然は支えつづけてくれる。ありがたいことだ。畑仕事はそのことを身体で感じとる大事な修行だ。

祖父はよくこんな話をしていたらしい。

かつては、多くの人々の労働のなかに自然が展開していた。労働の営みのなかで自然が働いていた、と言ったほうがよいのかもしれない。農業だけでなく、山や川や海で働く人々の労働のなかにも自然の働きがあり、職人たちは自然がつくりだした素材を生かしながら自分の技を深めた。商人でさえ、その年の自然の動きをみながら仕入れや販売をしていた。自然の大いなる働きを感じとりながら、自分の役割を、それぞれの労働としてつくりだしていたのである。

人間の労働は、さまざまなかたちで自然と結ばれていた。そのことは、自然の偉大さだけではなく、人間とは何かも教えつづけたのだと思う。

ところが現代の労働の大半は、この自然と労働の関係を断ち切り、労働から自然の働きを排除した。自然とは何かをとらえようとしても、私たちは、労働の外で自然を認識しなければならなくなったのである。そして、それが自然のつかみ方をも変えた。

かつては自然の働きと人間の働きは同じ時空のなかにあった。自然の働きと人間の働きは、たえず重なり合い、共振していた。だから人々は、自然を知ることによって人間とは何かを知ることができた。

しかし現在はそうではない。私たちは自分の外に展開する世界として自然をみている。だから自然とは何かを勉強し、自然の役割や自然の大事さ、人間に対する自然の影響などを勉強する。すなわち、自然は人間によって認識される対象になったのである。

そのとき、人間とは何かもまた日々の営みのなかでつかみとれるものではなくなり、考察の対象になった。自分も人間なのに、人間を認識の対象にするようになったのである。人間とは何かを知ろうとして勉強するようになったといってもよい。

私はそれは、自然とは何か、人間とは何かが自《おのず》からわかっていく世界を人間が失った結果だと思う。労働と自然の働きが結びあう過程を失ったとき、私たちは、かつて人間を支えていた大事な世界を喪失したのである。

問題はそれが、文明の歴史にとって避けられない道だったのかどうかである。ある人々は言うかもしれない。自然との結びつきを失ったのは残念なことであったのだとしても、それが文明を発展させた、と。だが、本当にそうなのか。私はこの問いを発しつづけたい。

思考回路

「自然とは何か」。そう問われると私は困惑してしまう。なぜなら、人間たちは自然について、それほど多くのことを知ってはいないからである。

たとえば大木のなかには、樹高が三十メートルを超えるものがある。ポンプを持たない木が、どうやっててっぺんにまで水を送っているのか、このメカニズムはいまでもわからない。

私が釣りをする源流の魚たちは、大雨の数時間前には小石を飲んで流されないように体を重くする。どうやって天気の変化を読みとっているのか。雨が近いことだけなら気圧の変化を感じるのだろうと考えることもできるが、魚たちは大雨が降るときだけ、つまり川の水が増水するときだけこういう行動をとる。糸を引くような雨が降りつづいていても、この行動はみせない。とすると、どんな方法で雨量を予測しているのか。

そんな例をあげていったらきりがないだろう。それに、わかったつもりになっていることにも、あやしいものはいくつもある。たとえば、哲学の視点からみれば、ダーウィン以降の進化論も疑わしい。なぜなら進化論は、歴史の発展を信じた近代以降の人間が納得できるように生物の世界を説明したものにすぎないからである。

といっても、こういう疑問点だけだったら、もしかすると将来、人間たちはその仕組みを発見するかもしれない。人間が得意とする科学的な研究によって解明される可能性も残っている。ところが自然には、もうひとつ、次元の異なるわからないことがある。

二十世紀初期に活躍したフランスの哲学者、ベルクソンは、科学者たちは自然のことをほんの一部しか知らないと述べた。なぜなら科学は「生命とは何か」という一番大事なことについて何もわかってはいないのだから、と。もっともベルクソン自身は、将来は生命とは何かをもとらえた科学が生まれるだろうと考えていたのだけれど、彼がみようとしていた「生命」とは、DNAや遺伝子のことではない。生きているとはどういうことなのか、である。別の表現をとれば、死とは何かだといってもよい。

自然は、それぞれの個体の生命の生と死をたえず生じながら、全体としては生きつづけている。生と死の展開こそが、全体としての生きている自然を持続させる。私たちはこの自然に包まれ支えられながら暮らし、人類の歴史を生みだしてきた。そして、その歴史の内部でも、たえず生と死を生じながら、である。こう考えていくと、それぞれの個体の生と死が、自然や人類史を継続させるうえでの何らかの役割を担っている気もしてくる。

ところが現在の人間には、生とは何か、死とは何かがつかみとれない。そして、そうであるなら、自然の営みとは何かもまたとらえられないことにはならないか。

自然を認識するということがらのなかには、こういうこともあるのだと私は思う。そして、このような視点からの問いに、おそらく、科学のような合理的な認識方法は答えをだすことができないだろう。もしも答えをだすことができるとすれば、それは、合理的な思考回路とは別の回路をたどってみつけだされるものだろう。

自然には、合理的な認識をとおしてとらえられる側面と、合理的な回路を超越した、その意味で非合理的な思考回路をたどってしかとらえられない側面とがある、といってもよい。

人間たちが労働をとおして自然と結ばれていたときは、人々はこの自然の両側面を、当たり前のことのようにつかんでいたのではないかと思う。自然の力を借りて労働を営む以上、合理的にとらえられる自然と、非合理としての自然の両面をみていなければ、自然の力を借りること自体がうまくいかない。そして、その感覚は、私たちの生きている世界のとらえ方にも影響を与える。自然と人間の関係と同じように、私たちは、合理的な関係と非合理的な関係が重なりあう時空のなかに生きている、という世界観がここから成立する。

労働をとおして自然をとらえることがなくなったとき、人間は、私たちの世界に展開する非合理的な関係をつかむことができなくなった。その結果、すべてのものを合理的にとらえようとして、ものをみる力を衰弱させた。

身体

十代の頃、労働についての勉強をはじめたとき、実感としてつかめないことのひとつに「精神労働」と「肉体労働」という言葉があった。たとえば社会主義の思想家、マルクスは、資本主義のもとでは精神労働と肉体労働の分離がすすみ、労働者は肉体労働だけに従事するようになって次第に人間的な能力を失っていくと、『経済学・哲学草稿』のなかで書いている。

この視点はけっしてマルクスにかぎったことではなく、労働を思想的に考察した研究書では常識的な発想といってもよいほどに当時は普通のものであった。私がこのような本を読みはじめた頃、つまり一九六〇年代後半に流行《はや》っていた思想家の一人に、ドイツ出身のマルクーゼがいたが、彼の見解は、産業社会の高度化は精神労働の担い手をふやし、知的労働にたずさわる新しい労働者をつくる、というものであった。彼はそのことに未来の可能性をみようとしたのだけれど、マルクーゼの場合も、精神労働と肉体労働を分けてとらえるという視点は堅持されていたのである。

この発想は、ヨーロッパに生まれた近代思想にその源をみることができる。たとえば近代哲学の父ともいわれたデカルトは、人間の本質は精神、知性、理性といったものにあると考えた。精神こそが人間的なものをつくりだすのであり、肉体は単なる機能にすぎないと近代思想の担い手たちは考えていたのである。肉体労働よりも精神労働は高級なものとみなされ、精神労働をブルジョアたちに奪われて、労働者は肉体労働のみをしなければならなくなったという視点から労働者の惨状をとらえる発想がここから定着していった。

ところが、このような思想の組み立て方は、私には、理論としては理解できても実感としてはつかめないものであった。そして、その実感できない理由は、私が日本的な労働観を持っていることに起因していると後に気づくようになる。

日本的な労働観では、このようなかたちで精神労働と肉体労働を分けたりはしない。むしろ、一見すると単純な肉体労働のようにみえる仕事のなかにも、さまざまな判断や工夫、自分の仕事に対する考察が伴われていると考えてきた。とともに、精神労働は単なる精神や知性のなかだけにあるものではなく、身体もまた精神的な営みをおこなうという視点を持っている。たとえば技は身体の動きであるとともに、すぐれた精神的営みでもある。だから、職人たちは無心になって手や身体を動かしているのに、その動きから新しい創作がたえず生まれる。目が考え、耳が考え、手が考えているとでもいうような、身体と一体にならなければ実現できない精神労働の世界があると日本に暮らす私たちは普通に考えてきた。そればかりか、身体と精神が一体となった労働に理想を求め、「身体の思考力」を伴わない労働はどこかがゆがんでいるという気持ちさえもっている。だから今日でも、政治家や大企業の経営者たちは、何となくうさんくさい目でみられる。

すなわち、そういう労働観のある風土で暮らしてきた私には、近代ヨーロッパの思想家たちによって語られた「精神労働」「肉体労働」という言葉は、実感としてつかめないものだったのである。もっとも二十世紀後半からの哲学は、ヨーロッパにおいても精神と身体を二分法的に分けてきた発想の克服がはかられているし、デカルト的な精神、知性中心主義は過去のものになった。その意味では、日本的な精神と身体の一体的な営みをとらえる視点がヨーロッパでもひろがってきている。

面白いのは、ヨーロッパにおいてこの変化が思想界の一般的なものになりだしたとき、同時に、自然の役割の再評価がすすんだことである。つまり、以前のように、自然を克服対象としてとらえたり、資源や単なる人間の存続にとって必要な環境の装置としてとらえるのではなく、自然と結ばれることによって人間は人間たりえるのではないかというような、目にみえない自然の役割が直視されはじめた。

日本ではかつて職人たちは、自然に学び自然をいかそうとして、技をつくりだした。そこに精神と身体の一体になった世界をみた。この原点に、今日では哲学も回帰しはじめている。

待つ

群馬県の上野村で暮らすようになって覚えたもののひとつに「待つ」という感覚がある。

たとえばこの村の農業は春を待たなければはじまらない。山菜も、茸《きのこ》も、それが出てくる時期を待たなければけっして手には入らない。木材として利用するのなら、木を切るのは、森の木々が活動を低下させる秋から冬がくるのを待つ必要がある。実に多くのことが、村では「待つ」ことからはじまっていく。

それが、自然とともに働き、暮らすということなのであろう。自然の力を借りようとすれば、自然がつくる、それに適したときがくるのを待たなければならない。といってもそれは、のんびりした暮らし方とばかりもいえないのである。なぜなら、ときを待つ以上、逆にそのときを逃してしまったらうまくいかなくなる。田植えのとき、草取りのとき、稲刈りのとき…。村の暮らしには、逃がしてはいけないときがたえずやってくる。

ときを待つ暮らしにとっては、人間の意志は万能ではない。それよりも自然という他者の動きの方が重要で、人間の意志は、自然の動きをうまく活用する範囲内でしか有効ではない。だから、自然と結ばれ、ときを待ちながら働き暮らしてきた村の人たちは、人間関係のなかでも同じような感覚を育んだ。人間関係においても自分の一方的な意志は万能ではない。人々の動きを理解しながら、ちょうどよいタイミングがくるのを待って、そのときを逃さずに働きかけていく。それが村の人たちの人間関係のつくり方だった。自然との関係のなかで学んだことが人間同士の関係のなかでもいかされていたのである。

近代以降の歴史がこわそうとしたもののひとつは、このような関係のつくられ方であった。資本主義の社会は「待つ」という行為を、効率の悪いものとして退けようとした。経済効率を高めていくとは必要な時間を短縮していくことである。時間効率を高めることだといってもよい。ここから、「攻める」とか「仕掛ける」といった言葉が、価値を持つ言葉になっていった。人間の意志が絶対的なものになり、人間関係も自分の意志をぶつけ合う関係に変わった。

それが今日の生産力、経済力をつくりだしたことは否定できない。その結果、私たちは、多くのものを消費し、物に包まれながら暮らすようになった。だが、この変化が、忙しいばかりで働く豊かさを感じられない労働の世界を成立させ、自然の動きを尊重しない経済社会を生み、信頼感のない人間関係をつくったことに私たちは気づいている。自然という他者の動きと、人間の労働や暮らしが結ばれなくなったとき、私たちの生きる世界全体が変わっていった。

とすると、現在の課題のひとつは、この変化をいまどう考えていくかである。あるいは、自然との結びつきを失った人間と社会はこれからどうなっていくのかという問いである。

屋久島《やく》には、屋久杉というこの島特有の杉の木がある。有名な縄文杉もその一本で、これは樹齢六千年余りとも推測されている。

この島では、樹齢千年をこえたものを屋久杉と呼ぶ。樹種としては同じ屋久杉であっても、千年未満のものは小杉と呼ばれている。島の人々は、「あの木はまだ小杉ですから」いうような感じで、屋久杉の話をし、森の木々をみる。

はじめて屋久島に行ったときは、この時間感覚が面白かった。九百九十九歳の小杉といったって、人間と等身大の時間スケールからみれば途方もなく高齢の木である。しかしそれは人間の側からみたときの感覚にすぎないのであって、屋久杉の時間世界においてはやはり小杉である。とすると島の人たちは、屋久杉の側から木の時間の動きをみていたことになる。

屋久杉ほど長い時間は必要なかったとしても、森の時間は百年が一単位である。百年の時間を待つことができなければ、私たちは良質の木材を手にすることもできない。そしてこの森の時間を待つことができなくなった私たちは、いまでは森を荒廃させ、木造建築の文化を衰退させている。

人間が労働のなかでの自然との結びつきを失い、自然という他者の時間を尊重しなくなったとき、私たちは、自分たちがつくった人工的なスケジュールしか視野に入らなくなった。

間

山形県で宮大工の修業をしているフランス人にウィリアムという青年がいる。まだ二十歳を過ぎたくらいの年齢で、フランスで大工をしていた。山形にはブルーノという焼物を焼いているフランス人もいて、彼の方は日本に来て二十年を越える。どうやらブルーノがフランスに帰ったときウィリアムと知り合い、日本に連れてきたらしい。ブルーノと私は、この十年くらいの友人である。

今年の夏に山形に行くと、ウィリアムは木製の窓枠をつくっていた。もちろん金具など使わないみごとなもので、それはブルーノの家用である。わずか一年半しかたっていないのに、日本語もすっかりうまくなった。それに、日本の宮大工の技術は、ウィリアムを日本にとどめておく十分な魅力があるらしい。

ウィリアムの世代のフランス人は、日本の漫画を読んで育った。彼によると、同世代の99％の子どもたちが日本の漫画を読んでいた。テレビでも日本のアニメを放送していたけれど、子どもたちは日本の漫画雑誌や単行本を取り寄せて読んだ。せりふの部分も理解できるようになりたいと日本語を勉強する子どもも同世代には結構いたという。

「なぜ日本の漫画はそんなに人気があるの？」と聞くと、ウィリアムは「間《ま》」と答えた。「日本の漫画には間がある。それは欧米の漫画にはないもので、すごく魅力的だった」

こんな話を聞いていると、私の方が「本当？」という気持ちになってくる。私もまた漫画世代で、いまでもずいぶん多くの漫画を読んでいるのだけれど、いまの日本の漫画に間を感じると言われてもピンとこない。そう言われてみると、日本の漫画の元祖ともいうべき「鳥獣戯画」には、動きだけでなく間もあった。その後描かれた絵巻物の多くも、一種の漫画といえなくもないが、時間の流れが描かれているものは、必ず間を感じさせる部分をもっていた。

日本では「時《とき》」と「間《ま》」は一対のものであり、時の動きは間をつくり、間があるからこそ時があると考えられてきた。間は時が成立するための重要な要素で、間がないことを間抜けと言ってきた精神文化が日本にはあった。

ピアニストであり音楽プロデューサーでもあるダルトン・ボールドウィンは〈音楽の真髄は間にある〉と書いている。〈間というものを、私は日本の文化から学んだ〉とも。ボールドウィンは私が好きな音楽家の一人である。

ところで、かつて友人の農民がこんな話をしてくれたことがある。彼によると農村の世界は、間によってつくりだされた。たとえば稲作にとっては、刈り入れを終えた秋から翌春までは、稲作の間としてあらわれる。そればかりか、田植えを終えたときにもちょっとした稲作の間があり、水田で働いているときにも、手を休めたときなどにたえず小さな間が生まれる。

このさまざまな間が農村の世界をつくりだす。かつての農閑期の骨休め、伝統行事や伝統芸能、祭りや寄り合い、そして仕事の合い間にふと空の動きや虫の様子をみている瞬間。それらが村の世界をつくりだし、村に暮らす楽しさを生みだした。もちろんそれ以外にも、自然と人間の間もある。自然と人間は結ばれているけれど同じではないがゆえに、両者の関係には間が存在し、この間をみつめることによって、人間は自然との折り合いのつけ方を考えてきた。そして、この折り合いのつけ方が、また農村の世界をつくりだした。

友人の農民の説はこのようなものである。

確かに日本の精神文化では、自然と人間の関係は微妙だった。人々は自然の世界にある種の理想を感じながら、しかし自然の一員に完全にはなりきれない自分たちを知っていた。そこに生まれる間をみることによって、自然とともに生きる人間の精神をつくりだした。そして労働と間の連続性を感じることによって、労働のなかに、肉体の消耗だけでは終わらない楽しさや働きがいもあることをみつけだした。

とすると、間を大事にした日本の精神文化も、自然や労働と結ばれていたことになる。

魂

最近になって、哲学をふくむいろいろな分野の研究者たちがどう考えたらよいのか迷っていることがらのひとつに「魂《たましい》」がある。

こう書くと戸惑う人もいるだろう。はたして魂などというものが実際に存在するのか。もちろん、それは誰にもわからない。魂の存在を信じる人はいても、そのことをすべての人々が納得できるように証明することは困難だし、魂は存在しないと証明するのもむずかしい。魂とはそういうものだから、近代的な学問の対象にはならなかった。証明できること、論理的な説明のつくことを論じてきたのが近代以降の学問である。

にもかかわらず、最近になってそういうことが意識されるようになったのは、「精神」の考察だけでは説明できないことがあると、多くの人たちが感じるようになったからである。

たとえば美しい森のなかを歩くと、心地よさを感じる人々はたくさんいる。その心地よさは何が感じているのか。ある人は言うだろう。それは森がだすある成分が脳に働きかけているから起こる現象であって、生理学的に説明のつくことだと。もちろん、そうなのかもしれないのである。だが、もしかすると、肉体でも精神でもない何かが心地よいと感じているのかもしれない。人間の身体の奥にある、生命の根源を司《つかさど》る何かが。その何かを魂と言い換えれば、魂が心地よいと感じていると表現することもできる。

人間は不思議な生き物で、自分の身体を構成する器官のことはよく知っている。心臓や肺がどんな役割をはたしているのか。脳はどんな分業体制をつくっているのか。最近ではＤＮＡや遺伝子の知識さえ持っている。おそらくそれは他の生き物にはみられない現象であろう。ところが人間ほど、生命とは何かを知らない生き物はおそらくいないのである。器官という歯車の構成や動き方は知っていても、その歯車が動きながら維持されている生命それ自体のことは、私たちにはほとんど何もわからない。知っているのは、器官という歯車が動かなくなれば生命も終焉《しゅうえん》を迎えるということだけで、だから医学は歯車が正常に動くようになおそうとする。ところが、生命それ自体とは一体何なのかが、私たちにはつかめない。

この問題は、二十世紀初期のフランスの哲学者、ベルクソンがすでに問題にしていたことでもあった。彼は「エラン・ヴィタル（生命の躍動）」のなかに、生きていることの本質をみいだそうとした。

私たちがつかめないのは、この生命の様子である。だから、たとえば美しい森に入ったとき、心地よいと感じているものが生命それ自体だとすれば、私たちはそれを、魂がそう感じているとでも言うしかなくなる。

そんなふうに考えていくと、この問題はいろいろなところで、かたちを変えて現れてくる。わずらわしいことを引き受けているのに、気分は悪くないというときもあるだろう。欠点だらけの友人なのに、一緒にいると相性がいいとしか言いようがない関係もある。

仕事でも同じようなことは起こる。私の農の営みもそのひとつで、理性的に考えれば、どう考えても割に合わないことをしているのに、何となくやめる気にもなれない。逆に、理性はその仕事が有意義なものだと認めているのに、気分のよくない疲れがたまるばかりの仕事もあるだろう。そんな現実に直面したとき、その仕事に対する精神による評価と、魂による評価がくい違っていると説明されれば、何となくそんな気もする。

つまり、精神の奥に、私たちのつかめない何かがあると考えたほうが諒解しやすい現象がいくらでもあって、それをどう考えたらよいのかを、今日ではいろいろな分野の人々が迷いはじめたのである。それに生命という名称を与えるのか、魂と呼ぶのかとはともかくとして。

おそらく、こういうことなのであろう。生き物たちは、生命の交歓のなかで生きている。もともとは人間も、自然のなかで同じように生きていた。その頃は労働のなかに生命の交歓があった。ところが、労働のなかに自然がかかわらなくなったとき、生命がみえなくなり、自分の生命をもつかむことができなくなった。ここに現在の私たちがいる。

蛙

私が暮らす群馬県上野村では、十年ほど前に山の奥でダム工事がはじまるとカブトムシやクワガタが激減した。以前なら、夏の夜には一匹、二匹と家の中に飛びこんできたのに、いまではすっかり姿をみなくなった。どうやら理由は夜間の工事にあったらしい。工期を短縮するために、建設現場では夜も強い照明がつけられていた。その光にカブトムシなどが集まり、明け方になるとこの虫たちを捕りにカラスが集まるようになった。

建設会社の人々は、工期内に建設を終えることには熱心でも、その行為が虫たちの世界に大きな影響を与えていることに思いはおよばない。

もうひとつ、山に暮らすガマガエルがかなり減ってきている。ガマガエルは普段は山で暮らしていて、春になると産卵のときだけ川に下りていく。問題は彼らが山に帰るときである。川からの帰り道の途中で、道を横切らなければならないことは多い。ところがその道は、谷側が崩れないようにコンクリートが打ってあって、山側もコンクリートの壁になっていることがよくある。このコンクリートが行く手をはばむ。ガマガエルの跳躍力では、垂直な壁は二十センチもあれば絶望的な高さなのである。彼らは壁の下で前へ進めなくなり、カラスやヘビ、イノシシなどにつかまっていく。こうして、自然な条件下で食べられるガマガエルの何十倍もの量が、彼らの天敵たちに捕らえられていく。ここでも、道の改修工事をする人たちが、ガマガエルに絶望を与えていることに、思いを寄せることはない。路肩のコンクリートの打ち方を少し変えるだけでこの問題は解決するのに、である。

このような現実をみていると、私は以前に会った和歌山県の土木会社の経営者の話を思いだす。彼はまだ四十代になったばかりの、二代目の社長であった。村の土木業者で、百人余りの社員をかかえている。

「元々はウチの会社は」と彼は話しはじめた。「冬の農閑期に仕事がなくなった村の農民を集めて、道づくりなどをする会社として出発した」。それは、村の土木会社にはよくある形態だったのだという。社員は一年中雇われているわけではなく、春から秋までは村の農民として暮らしていた。彼はそういう時代に造った林道に私を案内して、「みごとでしょう」と言った。山の形状に逆らわずに造られていて、崩れやすいところは石組みで補強されていた。自然が損なわれないように設計され造られているから、大雨が降っても崩れることはほとんどない。

それが農民の目や技を使って造った道なのだという。自然とともに働き暮らしている人々の能力を生かして造っていたときは、こんなみごとな道ができた。

ところが農業の機械化がすすみ、しかも農業では生活できなくなってくると、社員は通年雇用を望むようになった。発注される仕事の工期も短縮され、冬場の仕事では受注できなくなった。「その結果、ウチも普通の土木会社になってしまった」と彼は言った。設計と工事も分離され、会社は社員に一年間給料の払える仕事量の確保に懸命になり、社員は安定した収入源であることを会社に求める。農民の目や技は生かせなくなって、村の土木会社らしい仕事はできなくなった。その地域の自然を知りつくした人々ならではの仕事ができなくなったのである。

村に本社があるというだけで、都市の土木会社と変わらないものになった。「どうしたらよいのか」と彼は言った。「これでは村の土木会社である価値がない。村の土木会社が、村の自然も、村における農の営みもこわすような仕事をしている現実を、どう直したらよいのか」

彼の話をききながら、私は、本当は自然を改造する仕事は、その地域で自然とともに暮らしている人々だけに与えられるべきなのかもしれないと思った。もちろん、その設計や工期の設定をもふくめて、である。

今日の私たちは、自然をみることができない仕事をしている。それが人間の労働能力の大事な部分を失わせた。私たちの暮らす時空が人間だけによってつくられているのではなく、自然と人間の相互性によってかたちづくられている以上、自然がわからないことは労働能力の低下である。問題は、市場経済はそのことを視野に収めないシステムだ、ということのほうにある。

時間

初秋の農村を歩いていると、今年（二〇〇四年）はほとんどの地域で米は豊作だったようだ。冷害の話も聞かなかった。乾いた田で稲穂が頭を垂れている。豊かな秋がひろがっている。

といってもその景色は、農家の経営にとって豊かな秋を迎えたことを意味しない。豊作になれば米の価格が下がる。今年は米は穫《と》れたが経営は悪化したという農家が続出するだろう。

それはこんなふうに整理することができる。農家の「営み」としては、今年は豊かな秋を迎えることができた。ところが農家の「経営」としては、必ずしも今年の秋は豊かではない。営みと経営がくい違っているのである。そういう問題は一次産業の世界ではよく起こることであって、たとえば豊漁が漁民の経営にプラスになるとは限らないし、いまではスギやカラマツ、ヒノキなどが成長しても、そのことが林家の経営には全く寄与しなくなっている。

とすると、この問題をどのように考えたらよいのか。現在の私たちは市場経済のなかで暮らしているだけに、経営の破綻《はたん》は、最終的には営みの世界をも展開不可能にしてしまうだろう。

ところで、営みと経営のあいだには次のような相違がある。営みは自然の時間とともに展開する行為である。春になれば田植えをする。秋には稲刈りをする。山に植えられた木は自然の時間のなかで成長し、海のなかの自然の時間は魚たちを育てる。自然の時間に支えられながらおこなわれる人間の行為、それが一次産業における人間の営みである。ここでは時間のなかに、経済的な価値基準が入りこまない。なぜなら自然の時間は、経済の尺度で動いているわけではないからである。とすると、営みから得られる豊かさとは、自然の時間とともに働いたことによって得られた成果の豊かさ、ということになる。

だが経営はそういうものではない。経営においては、時間は経済上の尺度である。たとえば十時間働けば、それに相応《ふさわ》しい経済上の価値が生まれていなければならない。そして新しく生まれる時間当たりの経済的価値を大きくしようとすれば、生産に必要な時間の短縮や、自然の時間を遮断することが必要になる。たとえば自然の時間を遮断して、人工的な空間で冬に夏の作物をつくることに成功すれば、その作物の稀少性《きしょう》が生みだされる経済的価値を大きくすることはあり得るだろう。

すなわち経営とは、生産を自然の時間にまかせず、時間を人為的に操作することによって利益を得ていく試みである。

といっても、人々にとっては、営みと経営は必ずしも対立的にとらえられていたわけではなく、むしろそのバランスのとり方が大事にされてきた、といってもよいだろう。自然の時間にまかせれば不作になるときには、農民はさまざまな技術や農薬などを使いながら、営農を自然の時間だけに依存させない。森の木を間伐するのも、自然の時間のなかでおこなわれる淘汰《とうた》を、人為的に早めていく行為である。いわば人々は、自然の時間と人工的な時間操作とのバランスをとることによって、営みと経営のくい違いを調整してきた。

ところが営みの世界がみえなくなると、自然のなかで働いていても、自然は単なる材料や道具になってしまって、経営的視点だけが大きくなっていく。そこから一次産業の経営が、逆に自然の荒廃を生むという現象も発生させてしまう。

林業経営だけの視点で森をみれば、これだけ木材価格が安いのなら、林業は放棄してしまったほうがいい。だがそうすれば間伐されない森がひろがり、森は荒廃する。農業も同じことで、経営の合理性を追求した結果、いまでは農地が環境汚染源になってしまった場所も生まれはじめている。経営としての一次産業のなかには、自然との調整がうまくいかなくなったものも存在するといってもよい。

今日では、営みと経営のくい違いは大きくなってきている。グローバル化していく経済は、経営上の競争を促進するばかりで、人々の営みの大事さを視野に収めてはいない。だから私たちには何らかの闘いが必要になる。それは、営みと経営が対立することなくバランスを保つには、どういう世界をつくらなければいけないのかという闘いである。

無事

この十年くらい、動物たちの様子がおかしい。動物たちの世界が無事ではなくなっているようだ。

急速にふえた動物もいる。シカ、カモシカ、イノシシがその代表で、カモシカは保護動物になっていることが、イノシシはイノブタとの混血のすすんだことが原因だと考えられているけれど、本当にそれだけが理由なのかどうかはわからない。イノブタはイノシシとブタをかけ合わせた飼育種である。最近ではそのカモシカとイノシシに伝染病がひろがって、私の村、群馬県上野村では特にイノシシが急減してきた。他には、理由はわからないが、イタチ、テンといった肉食系の小動物が減りつづけている。

クマの動きもこの二、三年おかしい。なぜか里に下りてきている。調査をしている人たちの話によると、これまでクマが暮らしていた場所で姿が見えなくなり、クマの現れなかった場所でふえているらしい。どうやら棲息域《せいそく》を変えつつあるらしいのである。

いまでは、このような変化が全国的におきている。とすると、「あの森を切ったから」というような地域的な理由が原因になっていると考えるより、全国的に共通する理由があると考えたほうがよい。その理由とは何か。

私はその原因は、農山村地域における自然と人間の関係が変わったからではないかと推測している。人間の直接的な森林利用が茸《きのこ》狩り程度になり、それ以外で人間が森に入ることも少なくなった。林業目的で山の木を大規模に伐採することもなくなった。山から炭焼きの煙が立ち昇ることもめったにない。薪《まき》やパルプ用材として雑木林の木が切られることも少なくなった。それらは、山の木の大木化を促進させてはいるけれど、草原や幼木のない山をつくりだし、そういう場所を好む生き物たちを圧迫している。その連鎖のなかで、動物たちの世界に急激な変化が生じているのではないだろうか。

自然と人間のあいだには、複雑な関係がつくられているのだと思う。特に日本のように、人間たちが労働をとおして自然の世界に分け入ってきた歴史をもつ地域では、自然もまた人間の活動を前提にした生態系をつくりだした。薪をとる雑木林は草花や昆虫の豊庫になり、林業的な伐採は、奥山に草原を好む動物たちの生きる場をつくりだした。この自然と人間の微妙な関係が、これまでの日本の生態系をつくってきた。

ところが、いまでは人間が森から手を引いてしまったのである。そうなれば自然は人間の活動を前提にした生態系から、人間の活動を消去した生態系へと変わらざるをえない。こうして自然は新しいかたちを模索するようになり、その過程で動物の個体数の急激な増減や暮らし方の変化がおこっている。そう考えれば、今日の動物界の異常さも合点がいく。皮肉なことに、森林を労働の対象としてみるのではなく、環境的保全の場所としてとらえる空気が農山村の人々のあいだにもひろがったとき、動物たちのこれまでの大系が無事ではなくなった。

そして、だとするなら、現在の私たちは、二つの選択肢のどちらを選ぶのかという岐路に立たされていることになる。ひとつは、これまでの生態系を維持する道、もうひとつは、人間が手を引いた結果生まれる新しい生態系を受け入れる道である。

前者を選ぶならこれまでの森林利用を継承していく必要があるだろう。伝統的な森林を利用する技術を守り、村の人が森で働くことが可能な社会システムづくりをすすめることである。それに対して後者の道を選ぶなら、私たちは自然界の変化を見守る必要がある。どんな動物がふえて、どんな動物が減っていくのか。里に下りてきたクマが、これからどうなっていくのか。私たちには、自然界が新しい着地点をつくりだす過程を見守る覚悟が求められる。

自然界との接点で暮らす山村の人々は、いまそのどちらを選ぶかを迷っているようにみえる。本当は山で働きたい人たちもいっぱいいる。しかし市場経済は、山の労働を無価値なものにしてしまった。その現実のなかで、クマが出たといってはあわてなければならない自分たちの姿をどう考えればよいのか、と。

他者

いま二十世紀をふり返ってみると、この時代の価値基準のひとつに「快適さ」があったように思う。私たちは快適さを求めて冷房や暖房を多用するようになった。誰もが携帯電話を持ち、家には電気製品があふれるようになった。そして私たちは、少しでもわずらわしいと感じることを拒否する傾向を深めるようになる。

もちろん、いつの時代でも、人間は一面では快適さを求めてきたといえる。太古の人々も寒い日には火をたいたことだろう。家屋や衣服をつくり、この暮らしがこわれないことを神々に祈った。

とすると二十世紀における快適さの追求も、太古からつづく人間の欲求の延長線上のものなのだろうか。私には違うような気がする。

ひと昔前までの快適さのなかには他者が存在していた。家にはともに暮らす者たちがいて、その人たちが火のまわりに集まっていた。人と人の結びつきがなければ生まれない快適さがそこにはあった。春がもたらす心地よさや、さわやかな秋、夏の風と木陰、鳥や虫の声。それらは自然という他者がいるからこそ成立する快適さである。

快適な地域のなかで暮らそうと思えば、地域の自然や人間、歴史、文化といった他者が必要になる。いわば、かつての快適さとは、他者とともにつくりだされていくものであった。

二十世紀の価値基準になった快適さは、それとは違っている。快適さが、個人の保有するものへ、個人のためにつくられるべきものへと変わったのである。冷暖房を完備した個室、個人が移動するための車、そして携帯電話。誰にも干渉されない消費と生活。インターネットもまたこの個人のあり方を拡大した。自分だけの世界が絶対的なものになり、それに干渉するすべてのものが快適さの敵になった。

他者は、快適さをともにつくりだすための協力者ではなくなり、自分だけの世界を侵害しかねないものとしてとらえられるようになった。こうして私たちは、自然が自分だけの世界を侵害すると思えば自然を排除し、地域社会や人間関係にそれを感じれば、それらを排除して自分だけの世界を守るようになっていった。あるいは、自分だけの世界をけっして侵害しない他者しか、私たちは認めなくなっていったのである。

人間たちは、たえず自分だけの世界をみつめるようになった。そこから、自分で自分を観察する人々が生まれてくる。かわいそうな自分、満たされない自分、能力のある自分、誠実な自分、…。そんなさまざまな自分を自分自身でみながら、ますます自分だけの世界にはまり込んでいく。哲学の表現を用いれば、自己と自己自身の分裂がすすんだのである。

このような精神的態度のなかに近代的自我の本質があることを感じていたのは、ロマン派、あるいはロマン主義派と呼ばれた、十九世紀のヨーロッパに現れてくる一群の作家や芸術家、思想家たちであった。彼らは近代的自我の成立のなかに、ひたすら自分のことにしか関心をいだかない、孤独でエゴイスティックな人間の登場をみていたのである。

そして、だからこそロマン派の人たちは、近代的自我とは異なる別の自我をみつけだそうとした。そこで彼らがみいだしたひとつのものは、自然と交歓することによって形成される自我であった。こうして、ヨーロッパではじめて、自然が、人間が人間であるための協力者になったのである。自然は人間と対立するものではなく、人間をつくりだすうえでの不可欠な同伴者であるという意識が芽生えはじめた。人間にとって自然という他者は、拒絶するものではなく受け入れるものになった。

といっても、このロマン派の傾向は、現代世界のなかではけっして一般化されることはなかった。むしろ十九世紀をへて二十世紀に入ると、人々はますます個人的な快適さを求めて、自然を拒絶し、わずらわしさを拒否しながら、自分だけの世界にひたっていった。

自然や他の人々、歴史や文化、地域といった他者と共同でつくる快適さを手放したとき、私たちの社会は、孤独で不安な個人の社会へと変わっていったのである。

文明

奈良県の斑鳩《いかるが》の里には、世界最古の木造建築として有名な法隆寺がある。六〇七年に建立され、焼失後の再建から千三百年ほどがたつといわれる。

といっても、法隆寺は千三百年間そのままだったわけではない。三百年に一度くらいの割合で解体修理が施され、五十年に一度はそれなりの修理が繰り返されてきた。この修理が途絶えていたら、法隆寺もとっくに朽ちはてていただろう。しっかり造られた木造建造物の強さだけがすべてではなく、修理にたずさわる宮大工の技術が法隆寺を今日までもたせてきた。

あらためて考えてみると、それは驚異的なことである。時代が古代、中世、近世、近代、現代へと変わっても、法隆寺建立のときの技術が継承されつづけてきた。しかもそれは宮大工の技術だけではなかった。瓦《かわら》職人や左官・壁大工などの技術も、彼らの使う道具をつくる職人の技術も受け継がれつづけたのである。

このような長期にわたる職人技の継承は、法隆寺のような特別なものだけにあったのではなかった。村には村の暮らしを支える技があり、町にもさまざまな職人たちの技があった。その技を媒介にして、人々は自然が提供した素材をいかしながら町や村の世界をつくり、維持してきたのである。自然と人間の橋渡し役を、技術が担ってきたと言ってもよい。

ところが、現代技術は、それとは違っている。むしろ逆に、今日の私たちは、技術の発展が自然を破壊していく様をみつづけてきた。技術は自然と人間の橋渡しどころか、自然にとっての凶器にまでなってしまった。とすると、この原因がどこにあったのかを解く責任が人間にはあるような気が私にはする。

現代技術の背景には、自然を克服するという思想があった。それは、自然と人間を対立するものとしてとらえた西洋の発想からきたものであったが、自然を人間が管理し、人間にとって都合のよいものにつくり変えていく過程のなかに、文明の発展をみた思想がここにはあった。

この発想のもとでは、神を別にすれば、人間はすべての支配者と位置づけられた。人間だけが文明をつくりだす能力があるとされたのである。なぜなら自然を克服していく力は、人間だけに備わっているものなのだから。この人間中心主義的な発想は、今日では西洋社会でも批判されるようになったが、しみついた人間中心主義は容易には払拭《ふっしょく》されない。たとえば人間の知性を絶対視し、動物の持つ認識力や判断力を本能とみなす発想も、もっとも進化した生物として人間をとらえる発想もである。人間社会で生まれる差別や不平等は批判しても、すべての生物が属する生命の世界では、依然として他の生命に対する差別や不平等が存在しつづける。現代の技術はその代表的なものである。原子力や食品添加物などの技術が人間に有害なものとみなされるときは批判されても、それが自然の生命界にどんな影響を与えるかの検討はつねに脇役でしかない。人間の労働は自然を克服し文明を築く、技術はそのための道具であるというしみついた発想が、私たちの世界には残っている。

そしてこの発想があるかぎり、人間のためという思い上がった「善意」が、いろいろなかたちで現代世界を徘徊《はいかい》する。イラクの人々に自由と民主主義を、つまり文明の発展を与えるという「善意」が、戦争というかたちをとって、イラクの人々の暮らしを破壊しつづけていることと、技術が人間の文明を発展させるという「善意」の間には、基層的な発想の共通性がよこたわっているといってもよいだろう。

自然に影響されることは不自由と考え、自然の影響から自由になることを発展と考える発想を底において形成されてきた現代技術は、その出発点において何かを間違ったのである。だから現代技術は、自然と人間の橋渡し役になれないばかりか、自然にとっては凶器になりかねないという性格を持ちつづける。

今日の私たちは、人間は生命の世界のなかで、特別な生命を授かっているわけではないということを認める必要があるようだ。そのことを基礎にして、人間の労働や技術、社会システムはどうであるべきかを考えなければ、自然も人間の世界も危機を深めるばかりである。

第五章　消費と仕事

「物」

ひと昔前までは、人間たちは、消費は生産と結びついていると考えてきた。たとえば農業では、種子や、堆肥《たいひ》などの肥料を消費する。しかしそれは消えてしまう消費ではなく、新しい作物の生産につながる。山の労働は体力を消費するが、そのことによって木や森が育つばかりでなく、人間の山での労働能力も高まる。

食べ物も同じである。確かに食べることは消費であるけれど、それによって人間の体や生命力が生まれ、食事をとおして家族の結びつきや近所のつき合いが生まれる。衣類は古くなって消費されると、最後は子どものおむつや雑巾《ぞうきん》に生まれ変わり、ボロ切れになってさえ捨てられるわけではなく、さまざまに利用されていくのが普通だった。

すなわち、消費は新たなものの生産と結びついていたのである。

ところが二十世紀に入ると、人々は徐々に、生産と結びつかない消費を、その意味で消費のための消費をおこなうようになっていった。この傾向は、二十世紀後半に入ると一気に加速され、日本では一九六〇年代になると、都市部から大量生産、大量消費の時代に入っていく。

その原因には、市場経済の拡大、社会の変化、生活スタイルの転換などさまざまなものがあった。人間と自然の結びつきが弱まったこともその原因のひとつであろう。たとえば、かつては食事は、食べ物のなかに貯《たくわ》えられている自然の生命、作物の生命を人間の体のなかにいただく行為と考えられていたが、自然との結びつきが弱まると、人間たちは自然と人間との間に存在する生命の移動が感じられなくなった。こうして食べ物は「物」に変わり、食事は食料という「物」の消費に変わっていく傾向をみせたのである。自然との結びつきがみえなくなると、自然の産物が「物」に変わり消費材と化す変化は、いろいろなところでおこったような気がする。

ところで、こうして生まれた大量生産、大量消費の時代をいまどう考えたらよいのか。その問いについてはいまではすでに結論が出ているように思う。この動きに身をまかせていただけでは、ごみや廃棄物がふえつづけ、自然と人間の環境は悪化していくばかりであろう。とともに資源が食いつくされていくことも見過ごせなくなってきている。そればかりでなく、消費に依存した生活は、人間たちの技やつくりだす能力を低下させ、共同で何かをつくりだすことがなくなったとき、家族をふくむさまざまな人間関係のあり方をも変えていく。

私たちは明らかに、大量消費の時代を抜け出さなければならない地点に立たされているのである。だが、そのことは理解しているのに、現実の問題としてはその変革がむずかしい。ほんの半世紀前まではならガソリンや灯油を消費しない生活はあたり前にできたが、いまではきわめて困難になっているのと同じようにである。

それは一体なぜなのか。その答えは、一般的には社会や生活スタイルが変わったからと説明される。もちろん、間違いなくそれも理由のひとつである。だが私には、もうひとつ理由があるように思えてならない。その理由とは、現代の消費の持つ意味の根深さである。

たとえば人間の労働も、今日では消費され、使い捨てられていく傾向をみせている。労働を尊重しあう雰囲気はなくなり、労働も消費される「物」に変わってしまったかのようだ。そして、労働を消費する側にあったはずの企業もまた、市場経済のなかで使い捨てられ、消費されていく。

「時間」もそのひとつである。かつては「時間」は創造とともにあった。だが今日の私たちは「時間」を消費するようにして、毎日を暮らしている。

以前は芸術や文化は永遠に価値を持つものだと思われていたけれど、いまではそれもまたひとつの「商品」として、使い捨てられ、消費されるものに変わった。もしかすると、人間自身や環境さえ、そのときの都合で使い捨てられ、消費されるものに変わったのかもしれない。

私たちは、あらゆるものが消費され、廃棄物にされていく時代に暮らしている。とすると、何がこの変化を生みだしたのか。私は、しばらくの間、この問題を考えてみようと思う。

イデオロギー

日本で消費という言葉が肯定的な響きを伴って使われるようになったのは、一九六〇年頃のことではなかったかと思う。一九五六年になると日本の経済は、敗戦後の混乱を終息させ、いわゆる戦後の高度成長を実現しはじめる。その変化が人々の生活におよびはじめたのが、一九六〇年前後であった。ちょうど、冷蔵庫、テレビ、洗濯機が三種の神器といわれた時代で、それらが家庭に入りつつあった。

その頃、スーパーマーケットも生まれている。それまでは商店と客とが、地域のつき合いをとおして買い物をするのが普通だった。それがスーパーの登場によって変わった。情報を集め、一円でも安い物を買う、それが「賢い消費者」だと言われるようになった。このような買い物の仕方を、人間関係にしばられない合理的な買い物と呼んだのである。

この変化とともに、「広告」が大きな役割をはたしていくようになる。広告は人々に、さまざまな商品が存在することを教えただけではなかった。その商品を購入することによって「より進んだ生活」が手に入ることを私たちに告げたのである。洗濯機を購入することによって女性が洗濯から解放され、その結果手にした自由な時間を有効に使うとき、進歩した女性の人生があらわれる、というように。だから広告には、狭い意味での広告と、広い意味のものがある。狭い意味の広告は、単なる商品の宣伝広告であるが、広い意味の広告は、雑誌や映画などさまざまなものを動員しておこなわれる。たとえば、一九六〇年頃にはアメリカのドラマがよくテレビで放映されていたけれど、人々はそれをみることによって、「豊かな生活」とは何かを伝えられたのである。大きな自家用車、豊富な食料、電気製品に囲まれた暮らし、…。

多くのものを消費する多消費型社会は、商品の需要や供給の増加によってのみ生まれたわけではなく、「進歩」というイデオロギーと結びつくことによって展開した。多消費によって豊かさと自由が得られるというイデオロギーを社会に定着させることによって、である。

いうまでもなく、それは、市場経済の発展にとっては役に立つ。消費の増加は市場を拡大した。とともに、家の外で働く女性が新しい女性像として提案され、当時の言葉を使うなら、この女性の「社会進出」がまた市場を拡大したのである。もちろん私は、女性が働くことを否定しようと思っているわけではない。だが、女性の「社会進出」が促されていく過程では、それを進歩とみなすイデオロギーが市場経済の拡大のために用意されたという歴史的経緯はみておく必要がある。ここには、市場経済を拡大しようとする側の巧妙さがあった。

また、次のようなことも生じている。多消費型社会とは、必要なものを気軽に購入して消費し、使い捨てる社会である。だからそれは家事のために必要な時間を減少させる。いまでは、その気になれば、お茶さえ自分でいれなくてもペットボトルですませられるようになった。この変化は何をもたらしたのだろう。それは女性の家事の時間を減少させただけではなかった。男性や子どもの家事の時間をも減らしたのである。

かつては、男性や子どもにも家事の役割があった。力が必要な仕事は多くの場合、男性の仕事であったし、魚をさばくのは男性の仕事というような習慣を持っている地域もあった。そして子どもたちも、年齢相応に家事を受け持っていた。この男性や子どもの役割を、多消費型の暮らしは失わさせたのである。その結果、男性は家族に収入をもたらす役割をはたす人間であるかのように、子どもは勉強だけを期待される人間に、変わった。こうして、新しいかたちの家事が女性だけのものになる事態が生まれたのである。

消費の時代とは、単なる消費量がふえていく時代ではなかった。それによって、社会のさまざまな面が変わっていく時代でもあったのである。しかもこの動きは、「進歩」という観念と結びついて、戦後の日本では展開された。だからこそ私たちは最近にいたるまで、疑うことなく消費を拡大させてきたのではなかったのか。

そして、それゆえに今日の私たちは、多消費型社会への懐疑とともに、戦後的な進歩観に対しても疑いをいだいている。

労働力商品

先日、ある旅館に電話で宿泊の予約を頼んだ。男の人がでてきて、ちょっとした会話の後に予約が成立した。そのとき、不思議に新鮮な気がした。なぜなのだろうと考えてみると、電話で会話をしながら予約をしたのが久しぶりだったのである。

一年の間には、私は少なくても五、六十日はホテルや旅館に泊まっている。宿泊日数が百日をこえる年もある。ところがこの数年、ほとんど電話で予約をしていない。いつの間にか、すべてインターネットでの予約に変わり、だから、予約するときに言葉が交わされることもなくなっていた。海外に行くときも最近では、航空券もホテルもインターネット予約で、旅行会社の窓口に行くこともなくなった。

このことによって、旅は確かに気軽なものになっている。だが楽しくはなっていない。以前の旅には旅をつくっていく楽しさがあったが、いまでは商品を購入し使い捨てるように、旅を消費している。それがわかっているのにこのような旅のスタイルをとるのは、旅を準備する時間的、精神的な余裕がなくなっているからである。私たちが陥っているある種の貧しさが、効率のよい旅の準備を求めさせ、旅をも消費の対象に変えてしまったと言えるのかもしれない。

インターネットの普及という文明の進歩は、旅の変化をみるかぎり、消費的世界の拡大のほうで機能してしまったのである。

現代文明は、たえず同じような現象を生みだしてきた。たとえば一九五〇年代の後半に入ると、日本の企業は、いっせいに技術革新を開始している。戦前から引き継がれた古い生産方法を一掃し、新しい技術を導入した工場がこの頃から動きだす。

そのことによって、日本の製造業の生産効率は飛躍的に高まった。生産の増加が企業の利益を拡大し、その利益が人々の賃金を上昇させるとともに資本投資をもふやし、それがまた生産を拡大していく。市場経済の発展のうえでは、この上ない好循環が成立したのである。

そして、それもまた進歩という観念と結びついていた。歴史の発展、経済や社会の進歩、そういった観念につき動かされながら、人々は技術革新や高度成長を実現させていった。

だがその開始から半世紀が過ぎたいまでは、私たちは別の領域にも視野をひろげなければならなくなっている。なぜなら、この過程をへて、私たちの労働が使い捨てられる商品のようになってしまったからである。終身雇用、安定雇用といった言葉は、現在では一部の部門でしか通用しなくなった。そして、いつでも解雇できるアルバイト、パートタイマーばかりがふえ、フリーター人口は二百万人を超えている。正社員として雇用されても、いつリストラの対象にされるかわからない。

人間の労働が、企業の発展のための消費材にすぎなくなってしまったのである。それを可能にした大きな基盤のひとつが、技術革新の結果生まれた単純労働のひろがりにあったことは間違いない。技術革新は、専門的な仕事の遂行能力を不必要にした。以前なら、どんな仕事でも一人前にこなせるようになるには、少なくとも数年の経験と相応の技術の修得が必要だったものが、いまでは若干のマニュアルを覚えればできるように変わっている。そのことが、不要になれば労働力を使い捨て、必要になれば補充するだけですむと考えるような企業を大量につくりだした。歴史の進歩であったはずの技術革新は、確かに企業を大きくし、市場経済を拡大した。その結果、私たちも、多くのものを消費し、子どもには膨大な教育費を投じ、気軽に海外旅行をするようになっている。だがその裏側では、自分自身の労働が消耗品、消費材のようになっていくという事態も進行していた。それが今日の「豊かさのなかの不安」、あるいは「豊かさのなかの安定感のなさ」を生みだす。

技術革新もまた現代文明の発展のひとつであるとするなら、この文明の発展は、人間が追いつめられながら多くのものを消費しつづける、という現実をつくったのである。だから消費はうさばらしにはなっても、そこに本当の楽しさを感じることはない。現在の私たちは、このような時代としての「消費の時代」を問いなおさなければならなくなっている。

蓄積

時間の蓄積された世界がある。そう感じるようになったのは、私が村で暮らすようになって何年かがたった頃だった。いつもみている畑や森や集落の景色のなかに、自然と人間の過去の営みの時間が蓄積されているように感じたのである。

たとえば誕生したばかりの地球は、溶岩《ようがん》台地のようなものだったことだろう。それは、生き物が活動できない場所だった。やがてその地球の水のなかに生命が芽生え、次第に活動範囲を陸地にまでひろげていく。その後の自然の営みが、地球の表面に土をつくりだしていった。長い時間をへて、森がひろがり、つねに水の流れる川が生まれた。いまでも森の木々は秋には葉を落とし、昆虫などの小動物や微生物がその葉を分解し土をつくりつづけている。それぞれの生き物たちが暮らした過去の時間が、土を生み、その基盤のうえにひろがる現在の自然界を支えているのである。

この自然の景色のなかに、失われることなく蓄積された過去の時間がある。畑や集落の景色も同じである。土を耕しつづけた人々の営み、家や道を造り、水路を造った集落の人々の過去の営みが、現在の景色のなかにいまも残っている。過去の時間は、ここでも失われることなく蓄積されて、現在の村の人々を支えつづける。

そして、私は、ここには「生命のおだやかな世界」がある、と思った。個々の生命は、それぞれが寿命を迎え、その活動を閉じていく。ところが、それですべてが終わるわけではない。過去の生命たちの営みが、現在の生命の世界を支えているのである。そのことが、村の景色のなかにみえている。

過去の自然と人間のすべての活動が無駄にならない、「生命のおだやかな世界」が展開しているのである。それは、生きるとは何かを教えているようにも思えた。個々の生命は、蓄積されていく時間のなかの、ある瞬間を生きている。とすれば私もまた、この時間の世界のなかに存在していることになる。それなら、過去の生命が担ってきた役割を私も果たせばよいはずだ。もちろん私は、過去の人々もそうしてきたように、いまを生きる者として、私は何をすべきかを考えるだろう。そういう生の一面と、蓄積される時間のなかの一瞬としての生の一面の総合のなかに、私もまた存在すると感じたのである。

時間が蓄積される世界。それは受け継がれていく生命の世界であり、人間にとっては生と死への諒解《りょうかい》が可能になる世界である。

そして、この視点から考察すれば、現代世界は人間にとって残酷である。過去の時間が失われないという確信を、現代的な景色は人々にいだかせない。だから、個々の生命の終焉《しゅうえん》は、その生命にとっての破局でしかないという感覚をいだかせる。「生命のおだやかな世界」は消えて、生も死も不安に包まれるようになった。そうなった理由のひとつが、今日の時間のあり方に影響されているのは間違いない。現代世界では、時間は変化とともにあるようになった。変化こそが価値であり、その変化を実現していくものが時間になったのである。時間は、蓄積されていくものから、変化とともに展開するものに変わった。

それは、現代の市場経済がつくりだした変化だと私は思っている。なぜなら、資本主義的な市場経済は、時間とともに拡大することを正常とするシステムとしてつくられていて、その拡大は、企業や経済構造の変化をとおして実現されるからである。この経済のもとでは、変化しないことは停滞であり、ときには破滅さえ招く。いわば、過去の時間を使い捨てながら、乗り越えられた過去にしていくことが、正常なのである。

現代世界をつくりだしたこの経済システムが、人間たちの世界を変えた。変化に価値があるかのような景色が生まれ、私たちも、過去を乗り越えなければならないものとしてとらえるようになった。こうして、過去の時間は、蓄積されるものから、使い捨てられ消費されていくものへと、姿を変えたのである。それが、何も残らない、消費されていく時間のなかで生きる人間たちの不安を生みだす。

倫　理

最近、「倫理」という言葉をよく耳にする。確かに私たちのまわりには、倫理観の欠如した出来事が次々に発生している。経済や政治の世界でも、社会的事件でも、倫理観の崩壊を感じさせる現象がひろがり、そのことが私たちに倫理とは何かという問いを投げかけさせる。だが、あえて結論だけを乱暴に述べてしまえば、日本には厳密な意味での倫理などもともと成立していない。それはこういうことである。

ヨーロッパでは、神の意志に従って生きるのが人間の本当の姿だという発想が、人間に倫理をもたらした。人間が神の意志に従って倫理的に生きること、それが神の栄光を高めることでもあり、この神の栄光を高めていくような生き方こそが、倫理的な生き方でもあった。

たとえばドイツの社会学者、マックス・ウェーバー（一八六四―一九二〇年）は、『プロテスタンティズムの倫理と資本主義の精神』のなかで、次のように述べている。カルヴァン以降の宗教改革をへて、プロテスタントの人々の間には、自分の仕事を神から授けられた天職ととらえ、天職を全《まっと》うしながら誠実かつ質素に生きるのが、神の意志に従う生き方だという考え方がひろまった。それが、仕事で得た利益を浪費するのではなく、仕事の再投資に回す仕組みをつくり、資本主義の土台を生みだした、と。厳密に述べれば、倫理とはこのようなものであり、神を持つ人々が生みだした精神的態度である。

このような視点からみれば、日本の大半の人々には、倫理は生まれるはずがない。なぜなら大多数の日本の人々は、絶対的な神を持っていないし、日本における伝統的な神は、八百万《やおよろず》もいると表現される神々だからである。しかし、では日本の人々は、昔から出鱈目《でたらめ》な生き方をしてきたのかといえば、そうではなかった。江戸時代の終わりから明治時代にかけて日本に来た外国人が驚いたほどに、かつての日本の人々は礼儀正しく、誠実だった。とすると伝統的な日本の社会では、絶対的な神との関係から生まれる倫理とは別のところで、自分の行動を律する精神的態度が形成されていたことになる。それは一体どこから生まれたのか。

私はそれは、継承や永遠性を尊び、大事にする考え方から生まれたのではなかったかと考えている。

かつての日本の大半の人々は、「家業」のなかで働き、暮らしていた。商人や職人だけでなく、農民も、武士も、…、実に多くの人々が仕事を家業としてとらえていた。もちろん人口がふえれば、新しい仕事につく者もあらわれるが、その人たちも、自分の仕事を新しい家業として確立していった。だから家業にならない一代かぎりの仕事をヤクザな仕事とも呼んだ。

家業とは、家という労働共同体を軸にして継承されていく仕事のことである。代々継承され、永遠性があると感じさせる仕事といってもよい。つまり家業においては、永遠にその家業がつづく仕組みをつくることが何よりも大切だったのである。

この永遠の継承を保証する最大の要素が「信用」であると人々は考えていた。長い間家業を営んでいれば、その期間には、経済事情が悪化することも、何らかの不運に見舞われることもある。そういう時にも、家業をつぶさず営んでいくためには、人々の支えが必要であり、困ったときになぜ人々が支えてくれるのかといえば、その人やそこで営まれている家業に高い信用があるからである。このように考えて、家業に身をおいていた人々は、信用が高まるような仕事の仕方や暮らし方を何よりも大事にした。逆に述べれば、信用を失うことは崩壊を意味したのである。信用を何よりも大事にするこの考え方が、かつての人々の仕事に対する誠実さや礼儀正しい態度をつくっていた。

そして、だからこそ、仕事が継承されるものではなくなり、仕事までが使い捨てられ、消費されるものになったとき、信用を高めるという価値観も薄れ、刹那《せつな》的で自分の利益だけを考える行動がひろがってくる。

消費の時代は、仕事をも使い捨てられ消費されるものに変え、それが私たちの精神的世界をも変えたのである。

永　遠

自然との結びつきを失ったとき人間はどう変わったのか。最近ではいろいろな分野の人たちがこのような問いを発している。

人間は二つの面をもっている。ひとつの面としては、人間もまた自然界が生みだした生物であることに変わりはない。ところがそれがすべてでもない。なぜなら、人間には、道具や機械、産業や都市をつくることによって自然界から離れ、人工的な世界に身をおく生き物という一面もあるからである。この両面をあわせ持つことによって、人間は人間であった。

ところが自然との結びつきが薄められていくと、自然界が生んだ生物という人間の一方の性格が衰弱していく。人工的な世界に生きる特殊な生き物という性格ばかりが大きくなって、人間の根本的な何かが変わっていってしまう。とすると、その変化はどんなかたちで現れているのか。このような問いが、いまではいろいろな分野から発せられている。

その変化のひとつに、人間の世界からの永遠性の喪失という問題があるような気がする。今日の私たちは、昔の人たちよりずっと刹那《せつな》的な生き方をしている。その瞬間、瞬間がすべてで、どんなに長い時間幅を設定しても、その長さはたいていは自分の一生を超えることはない。自分の生きている間がすべてなのである。もちろん、ときには子どもや孫の人生にまで思いを寄せることはあるかもしれないけれど、それも自分の一生より少し長い時間幅にすぎないのであって、永遠性のなかで考え、行動しているわけではない。今日では、強い信仰心を持っている人が、その信仰が教える永遠の世界を信頼しているだけになってしまった。

人々が自然との強い結びつきをもっていた間は、そうではなかった。人間たちは、自然のなかに永遠性を感じ、自然に支えられた村での営みのなかに人間の永遠のあり方があると感じていた。一人ひとりの人間は、この永遠の世界のなかの一瞬を生きる、と。

この感覚は、人間の死生観にも反映していた。伝統的な日本の死生観では、人は死ぬと霊が近くの森に行くと考えられていたらしい。そして、何十年かかけて、人間として生きていた時代に身につけてしまった魂の穢《けが》れを取り浄《きよ》める。こうして、すっかりきれいになった霊は、祖霊となって自然や村の暮らしを守りながら永遠の時間を獲得する。人々はたえず永遠に存在しつづける自然や村人の営みをみつめ、その世界のなかで個人としての霊が、最後は祖霊という集合霊になって、永遠の世界を守るのだと思っていた。私はこの柳田国男によって示された世界は、自然から生まれた人間が、再び自然の世界に帰っていく道程だったのではないかと思う。

自然という永遠の世界と結ばれた人間のあり方を、魂の動きとしてとらえたのである。人間が自然のなかに帰っていく。そこにこそ永遠の生が保証されている、というように。

人間が自然との結びつきを失ったとき、このような生と死の感覚も現実性をなくした。なぜならこの感覚は、自然から生まれながらも自然から離れた一面を持つ人間のあり方をたえずみつめつづけた人々のものであり、それをみることができたのは人間が自然と接触しつづけていたからだからである。

そして、永遠の世界と自分との関係が消えたとき、人間は自分の生きている世界を絶対視するようになった。その結果、永遠の世界に責任を持とうとする姿勢も弱まって、いまという自分の時間に絶対的な価値をおくようになっていく。ここから現れてくるのは、現実世界での利害対立ばかりである。誰もが住み心地のよい現実を求め、その心情が根底のところで、何もかもが消費されていく社会を支えている。居心地のよい現実をつくるために、多くのものが消費され、いまでは戦争までが、自分たちの居心地のよい世界を守るための手段になってしまった。戦争という手段を消費することによって、自分たちの居心地のよい世界を守ろうとするなら、それは、ものの消費によって自分の現状を維持しようとする心情と変わらない。

人間は自然から離れたとき、新しい永遠性のつかみ方を獲得する必要があった。だがそれに失敗したとき、私たちは刹那的に現実の時間を絶対視しながら、何もかもが消費されていく時代にのみこまれていった。

ゆらぎ

価値のゆらぎ。今日の状況を一言で表現すれば、こんな言葉が適当なのかもしれない。

近代的な世界では、経済の拡大は無条件の善であった。自然を改造し、開発をすすめることが進歩だった。地域の共同体を解体し、人間を個人に分解することが社会の発展だった。経験を積むことによって獲得されていく技や知恵は古くさいものであり、機械化こそが価値であった。効率的であること、合理的であることがすべてだった。

そんな近代的な価値基準のすべてが、今日ではゆらいでいる。そのゆらぎが、私たちに新しい価値観を芽生えさせる。自然や環境は、いまでは人間たちの重要な価値になった。かつては忙しさは価値であったけれど、いつの間にか私たちは、ゆとりの方を大事にするようになってきた。孤立した個人の虚《むな》しさと弱さが直視されるようになって、現在では、他者との関係とか共に生きるという言葉の方が、意味ある言葉として語られている。

そういった変化を伴いながらも、私たちにはまだはっきりした方向性がみいだせない。そんな状況のなかで、私たちは二〇〇四年を終えようとしている。これまでの価値観のままではうまくいかないことがわかっているのに、その先がみえきらない状況のなかで。

こんなふうになってしまう原因は、今日の私たちの背負っている課題が、あまりにも重いものだからなのだと思う。私たちは、近代的な社会が形成されてから以降の、すべての価値基準を検証しなおす必要性に迫られている。資本主義的な市場経済のあり方も、都市社会や近代的市民社会とは何だったのかも、そして国民国家はいまのままでよいのかという課題や、現代の国際関係の見直しも。人間たちの価値観と結びつきながらつくられた、現代という時代の構造をひとつずつ解きほぐし検証する、そんな困難な課題を今日の私たちは背負っている。だから、簡単には新しい方向性がみいだせない。

そういう状況に置かれたとき、私は価値と時間の関係に目をむける。たとえば、経済の発展が人間を幸せにすると人々が考えたのは、日本では戦後の五、六十年間にすぎない。むしろ、長い間人々は、幸せは経済力によって達成されるものではない、とさえ考えてきた。とすると、この経済を最重要視する価値観は、時間的にはほんの短期間のものであり、どのような時代にも通用した価値観ではなかったということになる。

それと比べれば、人間は自然と共に生きているという価値観は長い歴史を持っている。最近の一時期私たちが忘れかけただけで、むしろいつの時代でも人々は自然に感謝し、自然の恵みを感じながら生きてきたといってもよい。ここには、いつの時代にも通用する価値観がある。

こんなふうに考えていくと、私たちの世界には、検証しなおしてみると短期間のものにすぎない価値観と、逆にどのような時代にも通用する価値観とがあって、その区別をつけていくと、何を大事にしなければならないかがわかってくる。短期間しか通用していないものは、その価値が劣化し、歴史のなかで消費されてしまう可能性をつねにもっている。それは、商品が価値を劣化させ、消費される過程とかわりない。それに対して、長い時代通用した価値観は、歴史のなかで消費されなかった確かさを持っていると考えることができる。

時代の転換期を感じたとき、私はこの価値と時間の関係をみながら、これからの時代の指針を探す。いわば、消費されない価値とは何かをみつけだし、そこからこれからの時代のヒントをつかもうとするのである。そうすると、知識よりも技や知恵を大事にしてきた歴史の方がはるかに長いとか、大きな力を持った国家が形成されてからよりも、分権的でそれぞれの地域で自治がおこなわれていた時代の方がずっと平和で戦争が少なかったとか、お金よりも物づくりを大事にした時代の方が長いといった、いろいろなことがわかってきて、少しずつこれからの方向性がみえてくる。

新しい発想は、ゼロから生まれてくるわけではない。どこかにヒントがある。そのヒントを、私は、長い間消費されなかった価値や価値観から探す。そこに、哲学の構想力がある。

関係

私の家には、東京と上野村を合わせると八台ものパソコンがあって、これではまるでパソコン「オタク」のようである。もともと機械好きで、自作を重ねるうちにこんなことになってしまった。

といっても、パソコンを使うことが好きなわけではない。現にこの原稿も手書きである。パソコンが登場し、いわゆるメール（電子メール）が利用されるようになったとき、私は手紙とメールの違いに驚いた。手紙は人と人との関係のなかで書かれる。だから相手の立場や気持ちに思いを寄せながら書く。送り手と受け取り手の間に生まれた過去の関係が大事にされるといってもよい。手紙のなかには、過去のすべての関係が蓄積されているのである。

ところがメールになると、自分の伝えたい情報の送信になってしまう。自分の伝えたいことを伝えるだけである。不思議なことにメールだと、受け取る側も情報を知ろうという読み方になって、たまに手紙のような文面が送られてくると読むのがめんどうになってくる。

広告メールのようなものを除けば、メールも人と人との関係のなかで送られている。その点では手紙もメールも同じようなもののはずである。ところが違う。手紙は、たとえそれが頼みごとであったとしても、過去の関係の蓄積をふまえて、自分の思いを伝えることに主目的があるのに対して、メールの主目的は情報の伝達である。読み手は必要な情報だけを受け取り、必要のない情報は読み捨てる。ここでは情報の送信者と受信者という関係だけが成り立ち、必要な情報でなければ、その関係も一瞬にして消える。

私は、この手紙からメールへの変化のなかに、現代のさまざまな関係のあり方が象徴的にあらわれているような気がする。たとえば、かつてはお店では売り手と買い手の関係があった。昔からの関係の蓄積を前提にして、店の人と客は会話をし、ときに商品をすすめられながら、客は商品を購入した。だが今日のコンビニやスーパー、量販店では違う。その場かぎりの関係が生まれ、その関係もたちまち消える。つねに新しい関係が一瞬生まれ、消えていくという繰り返しのなかで、私たちは暮らしている。

現在では、私たちを包むあらゆる部分で、このような変化が進行しているのだと思う。関係が希薄化しているとよく言われるけれども、それは正確な言い方ではない。関係が蓄積されていかないのである。あるいは、たえず新しい関係が生まれては、その関係が使い捨てられ、消費されていく世界のなかに、私たちが次第にのみ込まれていったのである。

だから、そういう世界のなかに身を置いていると、使い捨てられないような関係を結ぶことは、めんどうに感じられてくる。地域社会のなかで関係を結ぶことも、ときに家族の関係も、あるいは職場の人間関係や友人同士の関係も、である。たえず関係を使い捨て消費しながら関係から離れていけることが「自由」の意味になっていく。そういう時代がこうして生まれていった。手紙よりもメールの方が自由な伝達手段と感じる人たちが生まれていったように。

だが、そんな時代も、この一、二年の間に再び変化しはじめたような気がする。使い捨てではない、しっかりとした関係を持ちながら生きていきたいと考える人々が、急速にふえてきた。この傾向は若い人ほど大きくて、個人の自立を価値としてきた戦後の日本の社会が、大きな精神変化の時代を迎えたような気さえする。関係を消費しながら生きることが虚《むな》しくなり、蓄積されるような関係とともに生きたいと思う時代。この変化が消費の時代をどう変えるのかはまだわからない。しかし、確実に何かが変わりつつあるのである。

知り合いの宮大工によると、いままでは毎日のように、宮大工への弟子入り希望者がくるのだという。職人希望者はいくらでもいるが、その人たちを受け入れられる親方がいないのが問題だと彼は言う。使い捨てられていく仕事より、蓄積されていく仕事を望む人たちがふえているのである。

おそらく、このようなさまざまな現象を重ねながら、時代は少しづつ変化しているのだろう。消費の時代と脱消費の時代が、いままでは社会の奥で衝突しはじめている。

第六章　資本主義と仕事

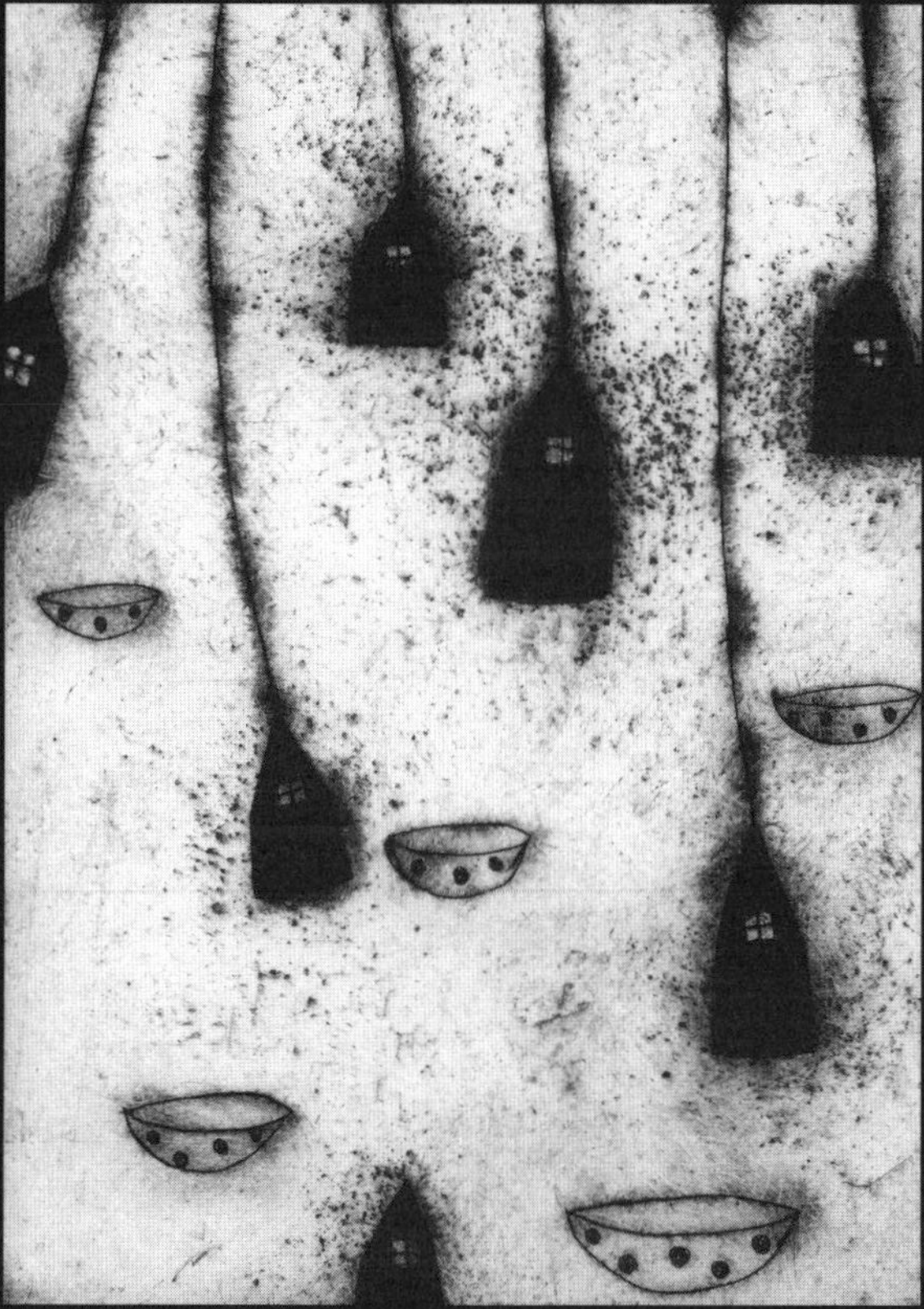

翻弄

将来つく仕事として職人的な仕事を希望する。そんな傾向が、若い人の間で年々強まっている。実際、小中学生に対するアンケート調査では、大工、料理人、菓子職人、パン職人などが上位にならぶ。代わってサラリーマンと答える人たちが減ってきた。私が子どもの頃とはずいぶん様変わりしている。

テレビなどが紹介する職人の様子の影響もあるだろう。しかしそれだけだとは思えない。自分の技をもち、仕事と結びついた自分の世界を確立しながら暮らしていきたいという希望が、今日では静かなひろがりをみせている。

誇りを持ってたずさわれる自分の仕事がある、それは人間としての誇りがあるということだ。伝統的には、日本の人々はそう考えてきた。だから、農民であれ、職人や商人であれ、誰もがこれが自分の世界だと言えるような仕事の世界をつくりだそうとしてきた。自分の誇りにかけて、自分の仕事の技を深めてきたのである。逆に述べれば、仕事への誇りを失ったとき、人間としての誇りもゆらぐという精神の習慣を日本の人々は持ってきた。

この雰囲気が変わったのは、日本では戦後のことである。とりわけ高度成長がはじまると、企業に勤めることが、収入、安定、社会的評価などのさまざまな面で有利に働くようになった。自己紹介のときに語ることも、仕事から企業名に変わり、企業内の職階がそのまま社会的ステータスとして通用するようにもなっていった。

その企業の様子は、高度成長以降急速に変わっていく。はじめは企業といえども仕事人の共同体のような雰囲気を持っていたけれど、次第に市場経済のなかで利益を追求するだけの組織になっていく。その帰結は、利益を確保するための不正の頻発であり、リストラであり、人間の使い捨てであった。人間も仕事も使い捨てられ、消費される時代がはじまった。しかも人員整理にあうと、自分が企業内の活動になじんでいただけで、その企業を離れてしまえば、誇るべき何らかの技をほとんど持っていないことに、人々は呆然《ぼうぜん》とせざるをえなかった。

いまの若い人たちは、こんな世代の子どもである。だから、サラリーマンになることに夢がない。他に選択肢がないから雇用先を探すけれど、どことなく冷めた目でサラリーマンの世界をみている。そして、可能ならば、使い捨てられることも消費されることもない仕事の世界を持ちたいと考える。それが職人や農民への憧《あこが》れをひろげていく。

今日では、新しい仕事がたえず生まれては消えていく。この世界のなかに身を置いていると、再編されつづける組織だけがみえてくる。ときに組織にのみ込まれては翻弄《ほんろう》され、ときに組織のなかに居場所を確立しながら生きている自分が、みえてくるのである。

そのことが、自分の組み込まれている組織に抵抗しない精神の習慣をつくりだした。企業という組織に対しても、国家という組織、あるいは世界システムという組織に対してもである。だから私たちは、企業や国家や世界システムから生じる問題点に対して、困ったことだと思いながらも、本気で抵抗しようとはしなくなった。そして、そのことがいっそう人間としての誇りを喪失させる。

だが、そうなればなるほど、私たちは自分の価値を自己認識しようと試みる。自分の価値がみいだせないことほど人間にとって耐えられないことはないから、である。それが、自分の価値を求めて漂流する人々を生みだした。ときに私たちは、よき市民であり、よき父親や母親であろうとする。そうすることによって、自分の価値をみいだす。あるいは、何かを所有し、情報にたけることによって、他者との差異性をみいだしながら自己の価値を再確認する。

仕事や人間までもが使い捨てられ、消費される時代は、こんな社会をもたらしたのである。だから、この時代を冷ややかな目でみている人々は、自分の仕事の世界を確立し、自分ならではの誇り高き生き方を探す。こうして、技で生きる職人に憧れをいだく人々が現れてきた。

サラリーマンの時代から職人の時代へと、時代は少しずつ動いているような気がする。どんなふうにしたらそれが実現できるのかと、戸惑いながらである。

没落

十八世紀のイギリス産業革命をへて「資本主義」が大きな力を持ちはじめた頃から、この経済システムに対してはさまざまな批判が加えられてきた。資本主義は、あらゆるものを市場で売買される商品に変えながら自己増殖する原理を持っている。人間の労働力も商品に変えられたもののひとつだった。そのことによって自分の技に誇りを持って物づくりをしていた職人や、人と人の関係のなかで商いを営んでいた商人たちが、お金で雇われる労働者になっていった。

それが労働者たちに、人間の能力までが商品になりお金で売買されているという屈辱感を与えた。〈人間は商品ではない。それなのに資本主義は、人間を商品のように扱い、使い捨てる。この経済システムは人間をバカにしている〉。それが資本主義形成期の労働者たちの思いであり、多くの人たちがこの経済システムは長くはつづかないだろうと考えていた。

だが、それから二百年ほどがたっている。資本主義に数多くの問題点があることは今日でも変わらない。それなのに、まるで「唯一の経済システム」であるかのごとく現代世界を支配している。一体なぜなのだろう。私はもう一度、資本主義とは何なのかを再考してみようと思う。

ところで、資本主義がその姿をみせたとき、批判者たちは、資本主義が生みだす労働者の貧困問題をしばしば問題にしていた。たとえば社会主義の思想家であったマルクスも、資本主義の発達は労働者を窮乏化させると述べている。

ところが今日では、必ずしもそうとは言えない現実が生まれている。むしろ、資本主義の発達が十分でない社会に貧困問題が発生しているのである。この事態をどう考えたらよいのだろうか。この問題を考えるには、資本主義形成期の貧困問題を正確にとらえることからはじめなければならない。

資本主義が社会の支配的な経済システムになっていくとき、その過程では、旧来の経済システムの没落と破壊が進行した。伝統的な働き方をしていた職人たちや、工場制手工業（マニュファクチュア）が市場での競争で敗北し、没落していったのである。

そのことが、旧来の経済システムのもとで働く人々を貧困化させた。資本主義的な生産、経済システムで働く労働者が貧困化したというより、資本主義の登場によって基盤を失った旧来のシステムに従事する人々が貧窮化したのである。それが当時の貧困問題の中心課題であった。

この構造も今日でも変わっていない。現在でも、資本主義的なシステムのもとで働く人々よりも、資本主義の発達によって基盤を失った旧来の経済システムで働く人々の方に、貧しい人々が生まれてくる。ただし今日では、資本主義が世界市場を獲得したために、かつては国内問題として発生した貧困が、いまでは主として世界の「富める国」と「貧しい国」という構図のなかで起こっている点が相違しているだけである。

この構図も、これからも再生産されつづけるだろう。資本主義の内容は、歴史のなかで変化していく。市場での合理的な利益の獲得をめざして、資本主義自体が変化し、それは「旧来の経済システム」をたえず生みだしつづけることになるからである。資本主義の発達はつねに、没落する経済システムをつくりだし、そのことによって新しい貧困層を形成しつづける。

そしてここにこそ、資本主義の「力」があるといってもよい。なぜなら、多くの人々が「貧しい者」への転落を避けようとして資本主義の変化についていこうとし、そのことによって資本主義のなかにのみ込まれてしまうからである。資本主義に数々の問題点があることがわかっていても、没落を拒否しようとするかぎり、私たちはこの経済システムのなかにのみ込まれていく。

この原理が、資本主義を持続させる「力」として働いたのである。こうして資本主義は「唯一の経済システム」であるかのごとく君臨するようになった。

とすると「没落」を受け入れないかぎり、私たちは資本主義にのみ込まれつづけることにはならないか。そのことに気づいてきたからこそ、現在では、人々は市場経済的には「没落」しても、豊かに生きる道はないかと模索しはじめたのである。

摩擦

十八世紀から十九世紀のヨーロッパで資本主義の展開がはじまった頃、そのヨーロッパの社会には、この新しい経済システムに抵抗する多くの人々がいた。イギリスでは機械打ち毀《こわ》し運動が起きているし、フランスでは一八七一年にパリ・コミューン（パリの労働者・市民による自治政府）が成立している。一般的には、前者は機械制工業の成立によって仕事を失った人々が機械を打ち毀すという歴史的には「後向き」の事件であり、後者は、社会主義の実現をめざすフランスの労働者による新しい社会を創造しようとする運動であったと理解されている。

だが、実際には、どちらもそんなに簡単に割り切れるものではなかった。機械を敵視したイギリスの運動にも、労働者が誇りを持って仕事をし生きていける社会をつくりたいという「前向き」な気持ちが介在していたし、パリ・コミューンの中心になった人々のなかにも、旧社会のモラルや精神が破壊されていくことに対する反発は存在していたからである。

むしろ、次のように考えたほうがよい。新しい社会はつねに、過去の社会という土台の上に形成される。だから、過去の社会が育んできた精神や考え方、社会システムなどと、新しい社会システムとの間に摩擦を生みだす。この摩擦が人々にいろいろなことを考えさせ、そこから新しい発想も生まれてくるのである。ゆえに、運動はその内部に「新しさ」と「古さ」を持っている。「古さ」があるからこそ起きた現実との摩擦をとおして、新しい社会のあり方を考えたのである。

この関係は、新しい体制の側にも成立する。なぜなら新しい社会は、「過去」と摩擦を起こしていただけでは定着することができず、「過去」との調整が必要になるからである。それまでの伝統的な精神や考え方、社会システムなどとの調整ができたとき、新しいシステムはその社会のなかに定着することができる。

だから資本主義は、伝統的な社会の違いに影響されて、さまざまなかたちを形成するのである。ヨーロッパにはヨーロッパの資本主義が生まれ、日本には日本の資本主義が生まれたように。たとえば日本では、技の修得には熱心でも、企業に長期間雇用されることよりも独立した職人になることを望む伝統的な職人気質との摩擦をとおして、明治時代に、終身雇用制や年齢とともに賃金が上がっていく年功賃金制度をつくり、さらに企業内に技の養成制度をもうけることによって、日本の資本主義は社会のなかに定着することができたのである。

市場をとおして、すべてのものを商品に変えながら資本を増殖させていくという基本的な原理は同じでも、現実には、資本主義はさまざまなかたちを形成しながら定着してきた。そしてこの視点から考えるなら、このかたちに変更を求められているのが今日の資本主義の段階だということができる。そこに、グローバル化する資本主義世界の現実があるといってもよい。

資本主義が、それぞれの伝統社会との摩擦と協調をとおして生まれたとき、世界には「旧時代」との摩擦を経験することなく生まれた、アメリカという資本主義社会もまた発生していた。先住民の歴史を抹殺したために、アメリカは「過去」を持つことなく出発したのである。それゆえにアメリカは、「過去」の精神や考え方、社会システムなどの干渉を受けることなく、「純粋」な資本主義として成立した。すべての価値を貨幣量ではかり、貨幣をふやしていくことを経済活動の唯一の目的とする資本主義の原理は、アメリカという社会のなかで自由に展開することができた。

このアメリカ型資本主義が世界化されていく過程として、今日の経済のグローバル化はすすんでいる。アメリカとは異なる資本主義は、この動きを拒否できない。なぜなら資本主義の原理に純粋に従えば、アメリカ型資本主義に近づいていくことになるからである。

そしてそのことは、資本主義にさまざまなかたちを与えた、その社会の「過去」との協調を切り捨てることを意味する。伝統的な精神や社会システムなどを廃棄し、「過去」をその社会から消し去ることが求められているのである。

私たちはいま、このような資本主義の歴史段階のなかに立たされている。

一元化

最近では「新しい技術の発達が世界を変える」というような話より、「日本には多様な道具と職人の文化がある」といった話に関心をいだく人々があらゆる世代でふえてきた。世界にうって出るという発想も、いまではずいぶん輝きを失った。むしろ、自然や他の人々との関係を結びなおすことや、地域とは何かといった課題に、多くの人々が関心を寄せはじめている。

この変化を「内向きの時代」と批判的に批評する人々もいる。経済、社会、政治のすべての面で、世界のなかの私たちという構造が生まれているのに、日本の伝統文化や地域、それぞれの関係などを重視する傾向がひろがっているのは問題があるという指摘である。

この問題はどんなふうに考えていったらよいのだろう。これまでの資本主義の歴史についての研究は、経済がどう変わっていったのかに焦点が当てられていた。産業資本主義段階から金融資本主義段階をへて国家独占資本主義段階へ、とか、多国籍企業化からグローバル化していく企業の時代へ、といった視点で、人々は資本主義の歴史をみてきたのである。

だが私は、別の視点も必要だと考えている。そのひとつは、多様性から一元化の歴史として、資本主義史をみていく方法である。

十八世紀の産業革命をへてイギリスで資本主義が発生し、それが世界に拡大されていく過程で、資本主義はその社会が持っている伝統的な精神や価値観、社会の仕組みなどとの摩擦を経験した。伝統的なものの考え方や働き方、生活観などと衝突したのである。この摩擦や衝突をとおして、伝統的なものと調和するかたちをつくりださなければ、資本主義はその社会に根を張り、定着することはできなかった。ここから、日本的資本主義やヨーロッパ的資本主義といったさまざまなかたちが生まれていく。

資本主義の多様性は、それぞれの伝統社会との協調が生みだしたものであった。もちろん、資本主義は伝統社会を破壊しながら市場を拡大してきた、という一面も持っていたのだけれど、他方では伝統社会との融合も無視しえないものだったのである。

これが二十世紀後半までの資本主義の姿だったとするなら、今日の資本主義は明らかに方向性が違ってきている。資本主義はそれぞれの社会に対して、伝統社会の影響を消し去ることを要求しはじめたのである。たとえば日本的な企業のあり方や価値観、労働慣行といったものが「遅れ」とみなされるようになった。資本主義は、世界共通の市場経済を要求するようになったのである。伝統社会からの影響を消去せよとは、その社会が持っていた過去の蓄積を捨て去れということであり、歴史から過去を葬り去れということでもある。このような傾向が生じてくるのは、現代の資本主義の主導権を、アメリカという過去を持たない資本主義が握っているからなのだけれど、そこに今日の新しい歴史段階がある、といってもよいだろう。

経済的にみれば、資本主義は明らかに欠陥のあるシステムである。このシステムは人々を平等にすることもないし、資源を浪費しながら環境を悪化させるシステムだということもできる。だが欠陥のある経済システムだというだけなら、過去に生まれたどの経済システムにも欠陥はあるのであって、内容は違っても、資本主義だけが欠陥を持っていたわけではない。ヨーロッパ近世の経済システムは粗暴な植民地主義を生みだしているし、いつの時代でも何らかのかたちで不平等は存在した。

しかし今日の資本主義を、そういう次元で理解してしまうことはできないだろう。なぜなら今日では、資本主義の発展のためには、過去の蓄積や歴史を消去しなければならないという新しい問題を私たちはつきつけられているからである。

過去に照らしてものごとを考えることができなくなれば、人間は現在だけを肯定し、現実のなかで翻弄《ほんろう》されるばかりになる。とすると、人々の関心が「内向き」になっている時代とは、今日の資本主義の動きに対する無意識の抵抗が人々の間にひろがっている時代を示している。地域や、結び合う世界、技を大事にする世界への関心の高まりのなかに、一元化されていく資本主義への抵抗が隠されているように私には感じられる。

危惧

資本主義以前の社会では、人々は働いた分だけ人間は成長すると考えていた。仕事をとおしていろいろなことを学び、それが技や認識力、判断力の向上をもたらすばかりでなく、人間としての成長にも寄与していると考えていたのである。

この考え方は、日本だけではなく、ヨーロッパでも同じだった。たとえば、十六世紀以降の宗教改革をへて、プロテスタントたちは「天職」という概念を成立させていく。この過程については、ドイツの社会学者、マックス・ウェーバーの書いた『プロテスタンティズムの倫理と資本主義の精神』に詳しいが、「天職」とは、神がその人に与えた仕事、人間の使命として授かった仕事、という意味である。この「天職」には選択の余地はなかった。自分のたずさわっている仕事が「天職」なのである。とすると、人々はなぜ自分の仕事を「天職」としてとらえることができたのだろう。

その理由を信仰だけに求めることはできないと、私は思う。資本主義以前の社会では、どんな仕事であれ、仕事をとおして成長し、深められていく自己が感じられていたからこそ、人々は「天職」という、信仰と結びついた考え方を受け入れていったのではなかったか。

ところが資本主義の時代がはじまると、そんな仕事とは違う性格を持った仕事が生まれてくる。たとえばイギリス古典経済学の祖といってもよいアダム・スミスは、『諸国民の富』のなかで当時の分業化された単純労働の様子にふれている。この労働が人間の成長に寄与しないばかりでなく、長期にわたって単純な作業をくり返すことが、人間の何かを破壊してはいないかという危惧《きぐ》を表明しているのである。「みえざる手」の働きによって、「予定調和」的に問題を解決していく力が資本主義にはあると考えていたスミスでさえ、この現実には頭をかかえた。

資本主義の形成期に登場した初期の社会主義者のなかには、キリスト教の倫理観にもとづいて、社会主義の必要性を説いた人々が結構いる。プロテスタントの「天職」観と、仕事をとおして人間が成長していくという感覚とが結びついていたがゆえに、彼らはキリスト教的倫理について語りながら、この「天職」の世界を崩壊させていく資本主義を断罪したのである。

労働が人間としての大事な何かを破壊していく。それが資本主義によって発生した労働の一面の姿であった。この問題を労働の疎外としてはじめに考察したのは、十九世紀のドイツの社会思想家、モーゼス・ヘスである。そしてこの考え方を、社会主義の思想家として知られるマルクスも踏襲する。

ところで、ここで考えておかなければいけないことは、資本主義のもとでの労働が、人間の何を破壊しているのか、である。マルクスは『経済学・哲学草稿』という本のなかで、本当は人間が働いて物をつくりだしているのに、資本主義の仕組みは逆になっていると述べている。物の生産される過程が主役になり、労働はそのための道具になる。人間が経済をつくりだすのではなく、経済活動のためのコマとして人間が使用されるようになるというのである。その結果、自分を支配する経済システムに管理されて人間は働くようになり、そのことが人間性をも蝕《むしば》んでいくとマルクスは述べた。

資本主義のもとでの労働が、人間の何をこわしているのか。率直に述べれば、それを明らかにすることはできないと私は思っている。なぜなら、人間性とか人間としての大事なものとは何かを、誰もが納得できるように説明することはできないからである。それは人間がつくりだした文化のなかで語られるものであり、そうであるなら自分の属する文化が異なれば、「大事なもの」も違ってくる。

そんなことを感じながらも、この十八、十九世紀の議論を私が好きなのは、この議論のなかに、私たちがくり返し問わなければならない問題がふくまれているからである。資本主義は、それまでの経済とは比較にならないほどに、効率的な経済システムをつくりあげた。だがその奥で、人間としての根本的な何かが破壊されているのではないかという問い。この問いを忘れてしまったら、私たちは資本主義の現実に翻弄《ほんろう》されるばかりである。

親和性

今日私たちが購入している商品のなかには、国産品か輸入品かを区別しても意味のないものがたくさんある。たとえば電気製品は、世界中から集めた部品で組み立てられていて、パソコン本体ともなれば、ほとんどの部品がアメリカ製と台湾製である。ところが、その外国製部品のなかに組み込まれているいくつかの部品が日本製であったり、さらに外国製部品といえども、それをつくる過程で欠かせない工作機械が日本製であったりするのだから、わけがわからない。液晶ディスプレーは、いまでは韓国・台湾製のシェアが大きくなっているが、二〇〇四年をみると、それらで使われている基幹部品の六割程度が（金額ベースでみたとき）日本製であったりする。現代の資本主義は、国境のなかに収まってはいない。海外で生産し、海外で販売するだけではなく、あらゆるものが複雑にからみあって展開する。

とすると、経済は国家とは無縁なものになっていくのであろうか。

ところが、現実はそう簡単でもないのである。日本の資本主義は国境を越えて世界中で活動しているけれど、〈日本〉を忘れたわけではない。それはアメリカの資本主義が、〈アメリカ〉を忘れていないのと同じである。むしろ資本主義は、経済活動をとおして母国の労働観や生活観、価値観などを輸出し、進出先の社会を母国に同化させようとさえ試みる。この点をみるかぎり、むしろ、資本主義のなかには、国家主義的な性格が内包されている、といってもよい。資本主義と国家とは、親和的な関係を保っている。

とすると、それはなぜなのか。私は、その理由は資本主義の成立過程自体のなかにあったのではないかと考えている。

資本主義の前史にあたる近世ヨーロッパの社会は、度重なる戦争とともにあった。イギリス、オランダ、フランス、ドイツ、スペイン、ポルトガルなどが、入り乱れて戦争を繰りひろげていた。ところが、その戦争のあり方が途中から変わってくる。はじめの頃は戦争の優劣を決めるものは、兵士の勇気やすぐれた智将の存在だと考えられてきた。とりわけ勇敢さは、何よりも大事なものとして賞讃された。その戦争は途中から、総力戦の様相を帯びはじめ、兵士の勇気よりも、国力が戦争の優劣を決める時代へと入っていく。

この過程で、二つの変革がもたらされた。ひとつは、地域連合的な国家から国民国家への、国家自身の転換である。つまり、人々を国民として統合し、兵士も銃後で戦争を支える人たちも、一体となって国家を担う体制をつくる必要性があった。

もうひとつの変革は経済力の拡大であった。経済力の大きさが戦争の勝負を決める時代がはじまっていたのである。ここで求められていたのは、量の経済であった。いかに大量のものを、効率よく生産していくか。その体制をつくりだしていくには、市場を有効に使う必要性があった。市場を拡大し、市場での自由競争をとおして経済を発展させていく道がとられた。

この基盤の上に、資本主義が成立してくる。だから国民国家は、いまでも戦争の芽を内在させている。国民国家と資本主義を生みだしたのである。ヨーロッパでの度重なる戦争の歴史が、国民国家はたえず国家間で競争し、ときに敵対する国家をみつけだし、国家間競争で敗退すれば国民すべてが没落するという「物語」を再生産しつづけるのである。

とともに、資本主義的な経済もまた、戦争の論理を内在させている。市場をとおしての闘い。企業間競争。勝利と敗北…。経済活動そのものが、兵器を持たない戦争として展開している。

資本主義と国家は、どちらも戦争の遂行という要請から生まれ、だから共通する性格を持っている。そのことが、資本主義と国家との親和性をつくりだした。国境を越えて活動しながらも、たえず母国の利益や他の社会の母国への同化を求める傾向と結びつく。

私は資本主義の問題は、資本主義のことだけを考えていたのでは解決がつかないのだと思っている。戦争を必要としない社会とはどんな社会なのか。私たちと自分の暮らす地域や風土、文化との関係はどうあったらよいのか。そういう問いと結びながら、資本主義をどうしたらよいのかを考えていかないと、私たちは答えをみつけだすことができないのである。

スピード

人間が移動する速度は、歩くスピードが一番適しているのだと思う。この速さなら、地面の変化に注意を払うことも、突然生じた危険からある程度身を守ることもできる。足元の草花や前を行く蝶《ちょう》の舞をみることも、会話をしながら歩くこともできる。ところが走るスピードになると、何かができなくなる。高速道を運転しているときは、私たちは前方の安全確認だけで精一杯である。

このように考えていくと、人間と時間速度との間には、大事な問題が秘められていることに気づく。そして、それは今日の資本主義の問題のひとつでもある。

パソコンやインターネットが使えなければ、私たちは仕事をすることも困難になりつつある。しかもこの変化が短期間に起きたために、人々は、人間の使う道具としてパソコンが有益な道具かどうかを議論する時間的余裕も与えられずに、この現実のなかに巻きこまれていった。

ほんの数年の間に、終身雇用制と年功序列型賃金を基礎にした日本的雇用システムが崩れ去っていく。それればかりか、ある日突然、リストラ計画が発表される。

私たちは、自分が関《かか》わりを持つ社会システムに対して、あるときはそのシステムに適当に自分を合わせ、またあるときはうまくそれとの距離をとりながら、自分を守っていく。もちろん、こういう対応の仕方に対しては、ものごとの根本的解決をはかろうとせず、問題を自分の対処の仕方にすりかえてしまう「事なかれ主義」だという批判もおこなわれてきた。だが今日の事態は、もっと深刻なように思える。なぜなら、「事なかれ主義」で対応しようとしても、今日の資本主義は個人が対応できないほどのスピードで変化していってしまうからである。この変化の速さが、人間に脅威を与えつづける。しかもこの変化は、企業のかたちや仕事内容から資本主義の仕組み、さらに生活の内部にまで及んでくる。その変化を望んだわけではないのに、私たちには無理やり自分を変化に適応させる道しか、許されてはいない。

いつの間にかビデオはＤＶＤに替わり、早くも次の規格が用意されている。何年か後にはデジタル放送用テレビを持たなければ、テレビをみることさえできなくなる。都市も町も、商店のかたちもそこで売られるものも、たえず変わりつつある。税制も社会保障制度も変容しつづける。何もかもが猛スピードで変化する社会のなかに、いま私たちはいる。

いままでの私たちは、それが良い変化か悪い変化かを、変化に対する価値判断の基準にしてきた。だが、いまではそれでは不十分になっている。たとえ良い変化であったとしても、それが人間が対応できないスピードでおこなわれるとすれば、その変化は「悪」であると私たちは断言すべきではないのか。

自然に変更を加える場合でも同じことが言える。ゆるやかな時間速度でおこなわれる変更であるなら、自然は自分自身の力で再生しながら、この変更についていくことができる。しかし、急激に、大規模に変更がおこなわれれば、自然はそれについていくことができずに荒廃する。速すぎる変化は、自然も人間社会も荒廃させるのである。仕事のなかでも暮らしのなかでも、先輩たちは後輩世代の人たちに、自信を持って自分の経験や考え方を話すことができない。こうして、世代間で伝えることのできない社会がつくられていく。雇用や企業システムの変化は、人々が長期的な人生設計を持つことを不可能にしてしまう。そして、自分にはよくわからない物やシステムがふえてきて、周りがブラックボックスだらけになっていく。今日われわれが購入可能なさまざまな金融商品のすべてを理解できる人は、ほとんどいないだろう。グローバル化していく資本主義が、現在どういう構造になっているのかもわからない。

以前なら、わからなければ付き合わなければよかった。今日では、わからなくても私たちはそのなかに巻きこまれる。資本主義の変化の速さに人間が翻弄《ほんろう》されるようになったのである。

資本主義はこれまで、さまざまな角度から分析され、その問題点が批判されてきた。そのうえに、今日の私たちは、変化の時間速度がもたらす、自然と人間社会の荒廃という大きな問題に直面している。

評価

東京の秋葉原という電気街を私が好むのは、必ずしも必要な部品がそろうからだけではないような気がしている。私が購入するパソコンの部品なら、いまでは大型電器店でもたいていのものは置かれているし、物によっては大型店の方が値段が安いこともある。

大型電器店に行くと、私は必要な部品を買物カゴに入れ、黙ってレジに並ぶ。ところが秋葉原の小さな店ではそうではない。最後は店員にいくつかのことを確認し、教えてもらう。パソコンの部品は日々新しいものがでているから、性能だけではなく、その部品の安定性や他の部品と組み合わせたときの「相性不良」が発生しないかなど、購入者にはわからないことがある。秋葉原の小さな店の店員は、そういうことをよく知っている。ここでは、デジタル部品を売っていても、店と客の関係は結構アナログである。

かつての商店はどんな分野の店でもそんなふうだった。資本主義は市場をとおして成立する経済システムであっても、その市場は人間と人間の関係のなかで会話を伴ってつくられていた。

　ところが、いまでは違っている。スーパーでもコンビニでも、物とお金の交換がおこなわれているだけで、人と人の関係が消えている。市場は単なる物流や販売、購入、消費に変わり、そこにも人が介在していることがみえなくなっていった。そして、そのことが何かを変えた。

　市場に人と人の関係があった頃は、売り手は買い手にとって必要なものを売ろうとしていた。購入者が何を必要としているかを聞き、それならどんなものがあるかを説明し、ときには客にとって最良のものを取り寄せた。だが、いまでは多くの店は、「売れ筋」商品を置くだけである。それを必要としている客がいるかどうかはどうでもよくなり、売れ行きの悪かった商品は、店頭からも、市場からも消えていく。

　資本主義は、市場での評価が価値を決める経済システムとしてつくられた。市場で評価されたものが「良いもの」である。その物が持っている価値は、つくり手ではなく、市場が決める。さらに述べてしまえば、つくり手の価値さえも、市場という外部世界が決めるのである。

　そのことは、外部に評価されないかぎり自分の価値は生まれないという精神社会をつくりだした。それでも、市場のなかに人と人の関係が介在していた間は、この人間関係をとおして、一様にはならない価値が伝えられていた。たとえ売れ行きが悪くても、それがなければ困る人がいる。そういうことも、つくり手の自分の仕事に対する誇りを高める。

　ところが、このような構造が市場から消えた頃から、つくり手たちは、売れ行きしかみえない市場に自分の価値を評価されるようになっていった。私はこの変化が、私たちの社会にも大きな変化を与えたのではないかと思っている。

今日の私たちは、自分が外からどんなふうに評価されているのかをたえず気にしながら暮らしている。自分の仕事ぶりが企業のなかでどう評価されているのか、自分は友人たちからどう評価されているか。社会のなかでの自分の評価。地域での評価。ボランティア活動をしているときでさえ、評価が気になったりする。そして自分に対する自己評価と外部からの評価がくい違っていると感じるとき、私たちはときにストレスに襲われ、ときに苛《いら》立つ。

しかも、さらに悪いことに、外部の自分の評価が具体的なかたちをとってみえない。だから、よくわからない外部からの評価に不安をいだき、その評価を気にしつづける。こんな精神社会が今日では生まれている。

そして、だからこそ現在では、人と人の関係をとおして営まれるような小さな市場のなかで仕事をし、暮らしたいと考える人々がふえてきているのではないだろうか。ここから「産直」を志向する農民が生まれ、職人や自分のやり方を守れる店や、小さな企業をつくろうとする動きが徐々にひろがっていった。

みえない「外部」の評価を気にしながら生きることを拒否する。その意志を持って自分の仕事や生活を組み立て直す。ここにも、今日の資本主義批判の一形態があるのだと私は思っている。

皮肉

もしも、資本主義にも何らかの経済倫理が働いていることを期待する人がいたとしたら、その人の思いは期待はずれに終わるだろう。はっきり述べてしまえば、資本主義は原理的には何の倫理性もない経済システムである。せいぜい法に触れないように注意が払われるだけであって、だからこの経済システムからは、たえず腐敗と不正、不法が生まれつづける。

その原因は、資本主義的な経済活動が目標にしているのは、つまるところ貨幣の獲得に他《ほか》ならないからである。資本主義のめざす利益は、最終的には貨幣量に行きつく。ところが、貨幣自体には何の倫理性も存在しない。どんなにいかがわしい過程をへて獲得された貨幣でも、貨幣は貨幣である。人々から尊敬される活動によって得た一億円も、人々からさげすまれるような活動によって手に入れた一億円も、同じ一億円である。獲得までの過程の違いによって、価値が変わることはない。

とすると、このようなものを活動の目標にしている資本主義に倫理性を求めることは、あり得ない期待だといわなければならない。

ところが、原理的にはそうであっても、資本主義社会でおこなわれている現実の経済活動に何の倫理性もないのかといえば、そうでもない。社会的使命とは何かを考えながら、自分の仕事をしている人々はいくらでもいるだろう。私はこのくい違いを次のように考えている。

資本主義は、原理だけにまかせておけば腐敗しつづけ、おそらくその腐敗ゆえに崩壊していくシステムである。ところが、この経済システムを担っている人間たちは、しばしば原理に反する行動をとる。たとえば、利益に反しても「よい仕事」をしようとする人々が現れてくる。物づくりの現場ではいまもなお、職人的な物づくり精神が残っている。消費者と生産者の間で、どちらにも利益になるようにつなごうとする人々も出てくる。企業のなかからも、無理をしても従業員の生活を守ろうとする人々は生まれてくるし、いまでは環境問題に熱心に取り組んでいる人たちもいる。

それらは、いずれも労働倫理に属するものなのだと思う。つまり働き手は、自分の労働に対するプライドや自分の労働観にもとづいて、しばしば資本主義の原理に反する行動をとる。そして、そのことが資本主義の原理の純粋な展開を阻害する。その結果、資本主義には何の倫理はなくても、現実の資本主義の動きには倫理性が働くことはよくある。資本主義もまた人間が担っている経済活動であることが、こういった性格を生みだすのである。

ところが皮肉なことに、そのことによって資本主義は腐敗を小さくし、自らを延命させる。労働倫理などは、資本主義の原理にとっては邪魔なだけで不必要なものであるはずなのに、それが存在することが結局は資本主義に有利に働くのである。

一つひとつの企業をみても、同じことがいえる。利益を出さない部門は切り捨て、賃金に見合う仕事をしない労働者は解雇する。そうやって企業は最大限の利益を確保しようとし、逆に労働者は自分を少しでも高く買ってくれる企業を探して移っていく。それが資本主義の原理にもっとも忠実な企業のあり方なのだけれど、そんなことばかりをしていたら、企業はたちまちすさんだ雰囲気になって、もたなくなるだろう。逆に、資本主義の合理性に反して働く経営者と労働者がいるとき、企業もまた力を発揮する。

私は、資本主義とは、このような皮肉な構造を持っているのだと思う。資本主義の原理に反する人間の行動を内部に持つことによって、それなりの健全性と持続性を獲得するという構造である。

そして、だとするなら、最近の資本主義の動きは、自ら墓穴を掘っているのかもしれない。安易なリストラの横行や利益第一主義的な経営は、資本主義の弱点を表面化させながら、労働意識の低下と経済の腐敗を増大させるだけだろう。その結果、人々が資本主義に醒《さ》めた目を向けはじめたとき、資本主義は没落の道を歩むことになる。

資本主義の運命は、万全ではない。

マネーゲーム

〈今日の社会は効率ばかりを追い求め、大事なものをこわしている〉。私たちはこれまで、何度となくこんな言葉を聞いてきた。だが、本当にそうなのだろうか。

たとえば農業においてとりあえず効率よく作物をつくろうと思えば、化学肥料や農薬の使用、単一作物の連作は効果的である。ところがそれをすすめすぎると、土の力が弱くなったり連作障害が発生したりして、この方法は、長期的には効率のよい農業ではなくなることがある。

企業も、ギリギリまで社員の労働密度を高め経費の節減をすすめれば、短期的には経営効率を高めることができる。しかしそのことによって働く人たちの疲労が高まり余裕が失われれば、新しい発想も生まれなくなるし労働意欲の減退も招いて、長期的には効率を低下させる。

こんなふうに考えていくと、「効率」とは、どのくらいの長さの時間幅でそれを考察するのかによって、内容が変わってくることがわかる。

資本主義的な経済のなかで追求される効率は、基本的には短期的なものだと私は思っている。その原因は、この経済においては、投じられた資金の回転が速いことがつねに価値になることにある。たとえば、新しい工場や店舗に投じた資金をいち速く回収し、それを次の投資にあてる。そうやって、資金の回転を速めながら拡大再生産をめざすのが資本主義的な経営である。つまり、資本主義では、スピードの速さ、回転時間の短さが力を生むのであり、長期的な効率は基本的には視野の外である。

だから、資金の回転を速めようとすれば、投資した資金が回収可能であることを示して、新たな融資を受け投資を拡大する、という手法もとられる。これなら、資金が回収されるまで待つ必要はなくなる。

もっと資金の回転を速めようとすれば、既存の企業を買収し、高値で売れるなら売却しながら、企業自体の売買によって資金回転の時間を短縮していく方法も視野に入る。

もちろん、その結果現れてくるものは、マネーゲームと化した経済社会である。お金の回転の速さだけを競う社会がこうして生まれてしまう。だが、資本主義を容認するかぎり、それを非難しても仕方ない。なぜなら、このような経済社会は、資金回転の速さが力になる経済が生みだすひとつの帰結なのだから。はっきりしていることは、いま私たちはこういう経済社会のなかで暮らしているという現実だけである。

しかし、だからこそ、問題も生じる。マネーゲーム化してしまえば、そこから発生するのは経済自体の頽廃《たいはい》であり、真面目《まじめ》に働くことのバカバカしさである。生産も流通やサービスもマネーゲームの手段でしかなくなれば、経済の基盤にある労働自体が虚《むな》しいものになってしまう。

それは、資本主義にとっても、自らをこわしかねない矛盾なのである。「資本主義こそが、私が知るかぎりもっともすぐれた経済システムである」と述べた二十世紀の経済学者、ケインズが、同時に〈資本主義は次第に頽廃し、いつか崩壊するだろう〉と考え、国家の経済への介入を求めた理由もこのことのなかにあった。

もうひとつ、この経済システムのもとでは、長い時間をへて生まれてくるものが次第に成り立たなくなり、それが人間の働き方や考え方を変えてしまうという問題点がある。結局はこの経済システムは、短期的な効率を追求する社会しか生まないのである。

かつて、日本の民衆文化の研究などで大きな業績を残した柳宗悦《やなぎむねよし》は、農民が農閑期に手仕事でつくりだした「工芸品」に、芸術家がつくるものとは違う美があることをみいだした。

それは、土とともに、自然とともに、そして風土や村とともに生きた人々がつくりだす美であり、長い時間をかけて身につけたものがなければ、決して生みだしえない美であった。

柳宗悦は、そこに民衆の文化のひとつのかたちをみたのである。マネーゲーム化していく資本主義のもとでは決してつくりだせない物づくりが、ここにはあった。そして、このような世界を失っていくとき、私たち自身も、目の前の効率に追われながら、落ち着いた暮らしを忘れていった。

悪事

私の暮らす群馬県上野村では、そろそろ春の農作業がはじまっている。不思議なもので、私も村にいると、春になっても土を起こさないのはとてもいけないことのような気分になってくる。それは多分、自然の動きとの関係や、畑を耕す村人たちとの関係のなかに、私の村の暮らしがあるからなのであろう。この関係を断ち切ってしまったら、私の村の暮らしそのものが成り立たない。

現代の思想は、この十年くらいの間に、「関係」を重視する傾向を深めてきた。人と自然も、人と人も、お互いに支え合い助け合う関係を結んでいかなければ、この世界はよくならないと考える人々がふえてきた。共同、協同、協働。実に多くの書き方があるけれど、「キョウドウ」して生きる社会をつくることは今日の人々の基本的な課題にさえなっている。

このような動きが強くなった原因のひとつは、私たちが個人の社会の無力さを感じとっているからであろう。個人の社会は、人間を孤立させた。そして孤立した個人は、経済だけを頼りにして生きる消費者への道を歩んでいった。それればかりか、孤立した個人は、ときに振るい落とされていってしまう。企業からはリストラによって振るい落とされてしまうかもしれない。その意味では、歳をとってからも、生活の不安というかたちで振るい落とされるかもしれない。孤立した個人はたえず一人で不安とたち向かわなければならなかったのである。

しかも問題はそれだけではない。振るい落とされまいとして努力することが、何か大事なものを人間から失わせてしまう可能性を、私たちは否定できない。それはちょうど、受験競争から振り落とされまいとして受験勉強だけに没頭しつづければ、子どもの頃に身につけておいたほうがいい大事なものを手にすることができなくなってしまうようなもので、リストラされまいとして業績競争に走れば、ここでも何か大事なものを見捨てることになりかねない。

ところが、資本主義にとっては、それは悪いことではない。経済業績こそがすべてだというような生き方を、誰もがしてくれたほうがいい。将来の経済活動のために、子どもたちは一所懸命勉強してくれたほうがいい。振るい落とされるかもしれないという不安は、資本主義にとっては、むしろ経済のための有意義な要素でさえある。なぜなら、その不安を取り除こうと努力する多くの人々がいることは、経済発展のエネルギーになりうるのだから。とすると、個人が孤立した社会のほうが、資本主義にとっては都合のよい社会だということになる。

こうして資本主義は、人間にちょっとした「悪事」を強要することになる。たとえば資本主義的な小売業では、売り上げを伸ばすためにいわゆる「売れ筋」商品を並べる。それは、逆の見方をすれば、その商品を必要とする人がいても、売れ行きの悪いものは店頭から撤去することを意味する。それを必要とする人がいることがわかっていても、業績を伸ばそうとすれば、担当者はそうする。ちょっとした「悪事」に手を染めるのである。

宣伝や広告の領域では、人々に新しい商品が便利で良いものだと思わせる努力がはかられる。本当に良いものかどうかはわからない。だが売ろうとするのである。ここにもちょっとした「悪事」がある。

家族のなかでの自分の役割をはたさないのはまずいと知っていながら、それを無視して仕事をしつづけることもあるだろう。途上国の社会に悪影響を与える経済活動に従うことも、社会にとって有益とは思えないものをひろげていく経済活動に加わることもあるだろう。

資本主義は、さまざまなちょっとした「悪事」に私たちを誘いこむ。そして、それに手を染めていると、私たちは、少しずつ人間として大事な何かを失っていく。いわばみずから頽廃《たいはい》し、落ちていってしまう。

孤立した個人が、振り落とされまいとしながら資本主義のもとで生きていくとき、現れてくるのはこんな現象である。だから、今日の私たちは、生きていくための基本的なものを変えたくなってきている。そのとき、確かな関係を結びながら生きることが視野に入ってきた。

第七章　社会主義が描いた仕事

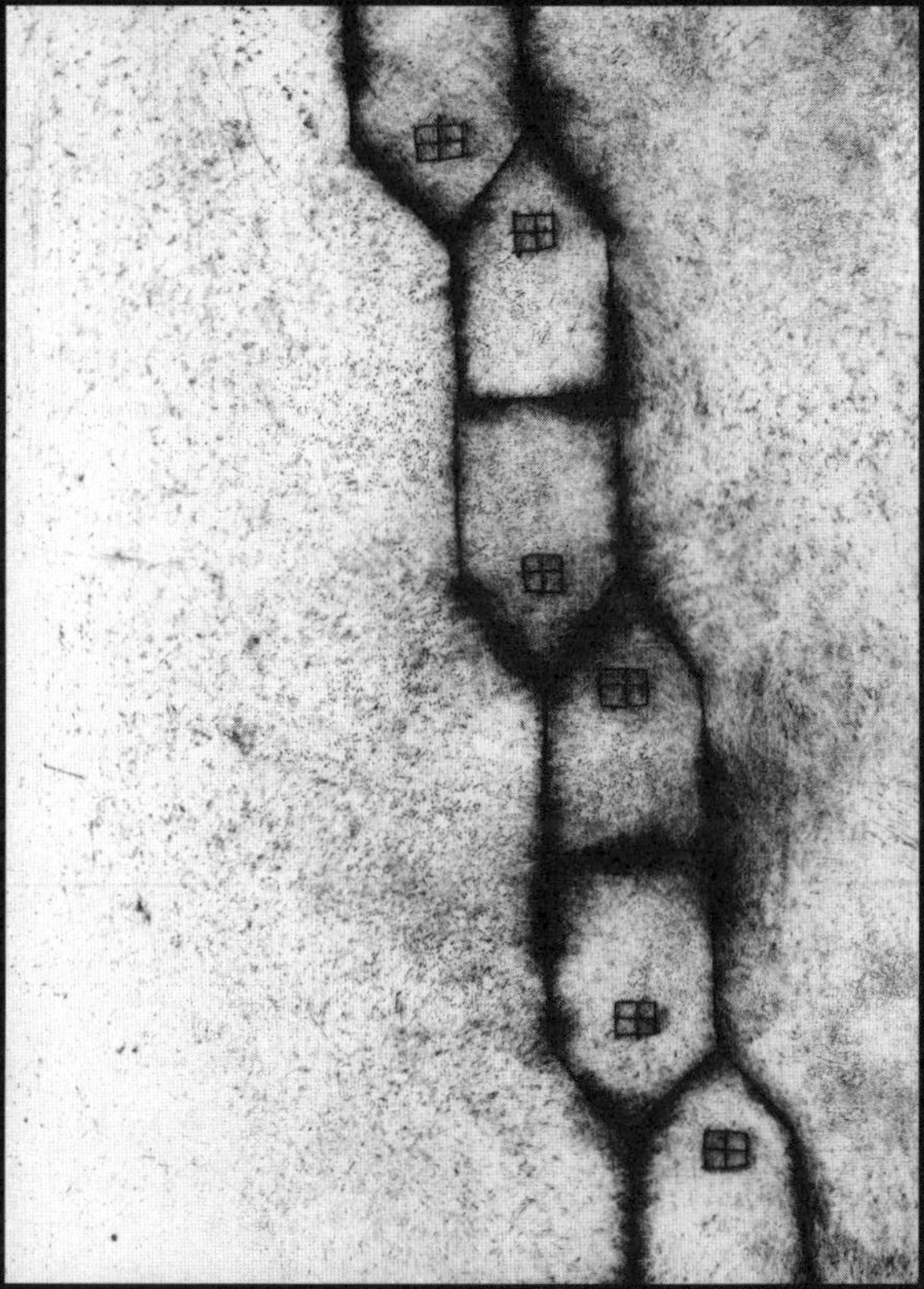

個人

二〇〇四年の夏から、大学院の学生たちの希望に応えてマルクスが書いた本の勉強会を持っている。マルクスは、いうまでもなく、社会主義の理論をつくった十九世紀の思想家である。『経済学・哲学草稿』が終わり、次には『資本論』を読むことにしている。

戦後の日本では、かなり多くの人たちが、マルクスの書いた文献を読んでいた。かつては、資本主義を批判することと社会主義の思想を学ぶこととは一体のものと思われていて、社会主義社会の建設に未来を託す人々はたくさんいた。

だが、今日の若い人たちの読み方は、それとは違っている。むしろ、資本主義への対抗原理が社会主義思想だったことに、歴史の悲劇を感じとっているとでも言えばよいのだろうか。

資本主義と社会主義の原理は、案外似ている。どちらもが生産力の発展に期待し、豊かさは経済発展によってもたらされると考えていた。どちらもが自然の問題を無視し、自然とともに暮らす生き方を古いものとして否定的にとらえていた。どちらもが、強大な社会・国家システムをつくりあげ、人間を無力な個人にしていった。

資本主義と社会主義という二つのシステムは、いくつかの相違点を持ちながらも、正反対の思想から生まれたものではなく、近代的な発想という共通の土台の上に芽生えた二本の木にすぎなかったのである。

そんなことを感じながらも、いまの若い人たちもまた、資本主義とは何かをつかみ直そうとしている。かつてのように社会主義者になるためにではなく、資本主義を生みだした近代的世界の構造をとらえようとして、マルクスの書いた文献をもひとつのテキストとして読む。

近代以降の社会は、三つのシステムが相互補完的な関係を持ちながら生まれた。ひとつは資本主義＝資本制商品経済であり、もうひとつは国民国家、第三のシステムは市民社会であった。市民社会の形成によって個人になり孤立した人々を国民国家が管理し、その人たちを使いやすい労働力として利用しながら発展をとげてきたのが、資本主義というシステムである。

ひと昔前までの社会理論は、この三つのシステムの結びつきを十分にとらえてはいなかった。むしろそれらは、バラバラに考察されてきたといってもよい。だから、市民社会の形成は歴史の発展としてとらえられ、市民社会の成熟が資本主義の不正をもただすとさえ考えられた。国民国家のあり方についても、それは政治学の課題であり独立した検討課題でありつづけた。

しかし、今日の私たちはそんなふうには考えていない。市民社会の形成によって生まれた自由な個人とは、すべてのことを個人で解決するしかない人間であった。仕事を失えば自分で仕事を探し、「豊かな消費者」になることによって、自分の人生がうまくいっていると感じる。そんな個人で生きる人々であった。そして、そんな人間たちが資本主義の担い手だった。

資本主義はその成立期から、数々の問題点を指摘されてきた。それにもかかわらず、いまもなお支配的な経済システムでありつづけているのは何故《なにゆえ》だったのか。それは、市民社会における人間のあり方や国民国家のシステムと強く結びつき、近代的な人間のあり方と一体になっていたからなのではなかったか。そうでなければ、これほど問題だらけの経済システムが長続きするはずはない。

そんな気持ちをいだきながら資本主義の再検証がはじまっているのが今日である。だから、資本主義批判は、近代がつくりだした世界全体への批判と結びつき、人間のあり方を根本的に問い直しながらすすめられている。ある人たちは、自然との結びつきを取り戻しながら、自然を忘れた近代的な人間のあり方を問い直し、そこから資本主義批判をも視野に収めようとする。またある人は他者との関係をつくり直すことによって、あるいは経済合理性だけによらない働き方をつくることによって、資本主義を内在化させた近代的世界全体と向かいあおうとする。

現代とは、新しい視点からの資本主義批判を生みだしつつある時代。私はそんなふうに感じている。

官僚主義

二十世紀の終わり近くにキューバで、『苺《いちご》とチョコレート』という映画がつくられている。同性愛者の芸術家と、共産党の青年組織で活動する若者が主人公で、人間の自由とは何か、芸術家の自由とは何かを問いかけていく。国の官僚組織は、共産党批判を公然とおこなうこの芸術家を危険視していく。だが、若者は次第に、この芸術家を守ろうとしはじめる。両者の間に友情が育《はぐく》まれていく。

『苺とチョコレート』はこんな映画である。監督はキューバのカストロ首相の親友といわれる人で、けっして政府非公認の映画ではない。ソ連、東欧の社会主義国家群が崩壊した後に、これからのキューバ的社会主義の方向性の一端をみせた映画であった。

社会主義的な社会システムにも、その地域の歴史や風土が反映する。だから、『苺とチョコレート』にかぎらず、多くのキューバ映画がみせているものは、明るいカリブ海の陽《ひ》ざしと、ラテン的陽気さに包まれながら展開するキューバ的社会主義の様子である。官僚組織による芸術への統制と人間の自由という深刻なテーマを描いたこの映画のなかでも、登場するハバナの人々は、日々の暮らしを楽しみながらこの芸術家とともにある町を大事にしていた。

もしかすると、これまで私たちは、社会主義という確固とした社会システムがあるという幻想にとりつかれていたのかもしれない。実際には、ロシア的風土を基盤にしてソ連型社会主義が生まれ、中国的歴史風土の上に中国型社会主義が生まれたように、社会主義もまたさまざまであった。ある意味では、社会主義国家も、その地域の歴史や風土の上に生まれた、近代国家のひとつのかたちにすぎなかったのかもしれない。そしていまでは、ソ連型社会主義が崩壊し、中国やベトナムなどは変貌《へんぼう》する近代国家という様相をみせている。

社会主義思想は、資本主義がつくりだすさまざまな矛盾を労働者の協同社会の建設によって解決するという理念を持ってつくられた。もちろん、この理念をどう評価したらよいのかは今日なお重要な課題ではあるけれど、この理念だけで現実に生まれた社会主義社会をみることはできないだろう。むしろ、現実の社会主義国家は、近代国家のさまざまなかたちのひとつとしてとらえたほうがすっきりするように私は思う。

そして、このような視点から考えていくと、資本主義国家と社会主義国家の間には類似点が多いことにも気づく。たとえば、現在のアメリカは〈自由と民主主義を世界にひろめていく崇高な使命をもった国、アメリカ〉というプロパガンダ（宣伝）を国民統合の原理として使っている。このプロパガンダと、〈世界にひろがっていく社会主義の祖国、ソ連〉という、かつてソ連が国民統合の原理として使っていたプロパガンダとの間に共通する役割をみいだすことは容易だろう。

官僚社会の問題もまた、社会主義国家だけの問題ではない。それは国家が大きな権力を持つ近代国家に共通する現象であって、だから途上国でも先進国でも、つまりどこの国でも発生してくる官僚社会をどうするのかは重要な課題でありつづけている。

ところで、官僚社会を官僚が独裁的な力を持って統制する社会としてとらえるだけでは、私はその本質を見誤ると思っている。むしろ、国民の多くが官僚のつくるシステムにぶら下がり、おすそ分けにあずかろうとする社会、と考えたほうがよい。たとえば日本でも、許認可権を持つ官僚機構があるからこそ、そこにぶら下がって既得権益を維持しようとする人々はいる。つまり、このような構造が社会システムとして定着してしまった社会が官僚社会である。

かつてのソ連型社会は、それを極限にまで拡大していた。だから社会は硬直し、その崩壊を招いた。悲劇は、官僚社会をつき崩す弾力性をソ連型社会が持っていなかったことである。そして、そのことに気づいているからこそ、『苺とチョコレート』は、キューバはソ連と同じ轍《てつ》は踏まない、と宣言しているのかもしれない。

近代国家は、再生産されつづける官僚社会という共通の問題をかかえている。それは社会主義社会だけの問題ではなく、強大な国民国家がつくりだした病理である。

未来

未来とは何か。この問いに対する答えは、近代以前と以降の人々とでは大きく異なるのではないかと思う。近代以前の大多数の人々にとっては、切実な未来は死後の方にあった。天国、極楽、地獄、…、どのような名称を与えようとも、それは確実に訪れる未来として人々に意識されていたのである。未来のために生きるとは、死後に普遍の生を得られる世界に行けるように生きることであり、だから人々は欲望を抑制し、倫理的に生きようとしていた。未来は、信仰やそれと結ばれた倫理とともにあったのである。

近代という時代は、この未来観に大きな転換をもたらした。未来は現実の延長線上のもの、その意味で現実的未来になった。人間の欲望は、未来への発展のエネルギーとして肯定的にとらえられるようになり、人々は現実的な「よき未来」に希望をいだくようになる。近代社会の形成は、人間たちに大きな精神革命をもたらしたのである。

ところが、このような大きな変化の過程でも、次のような未来観だけは受け継がれていた。それは、未来に素晴らしき永遠の世界が現れることを期待する心情である。近代以前の人々が死後に永遠の世界が現れることを期待したように、近代以降の人々も現実的未来に素晴らしき永遠の世界が創造されることを望んだ。そしてこの心情が、人間の力を過信するヨーロッパのヒューマニズムの思想と結ばれたとき、それは、人間は頑張れば素晴らしき永遠の世界を建設できるはずだという確信へと高められた。

このような精神的基盤の上に生まれた思想のひとつが社会主義思想だったのではないかと思う。実際、初期の社会主義者たちはしばしばキリスト教の言葉を用いて、社会主義社会とは何かを語っていたけれど、それは天国のイメージと社会主義社会のイメージに共通するものがあったからであろう。ただし彼らは死後的未来にではなく、現実的未来に創造可能なものとして、「地上の天国」を語った。

とすると、社会主義者たちが思い描いた「地上の天国」とは、どんな社会だったのだろうか。十九世紀前半に登場してくる初期社会主義者たちの言葉を使えば、誰もが人間として尊重され、誰もが自分の労働に誇りを持つことができ、誰もが自分の能力を最大限に活《い》かすように働くことができ、誰もが生活上必要なものを手にすることができる社会のことであった。一切の支配がなくなり、誰もが平等かつ自由で、誰もが社会の主人公として活躍している社会である。

この永遠の世界は建設可能なのだ。だがそのためには革命が必要である。資本主義を倒すこと。そして資本主義と一体になっている国家権力を倒すことである。なぜなら、資本主義と国家権力こそが、このような素晴らしき未来への道を塞《ふさ》いでいるばかりか、人間たちを惨《みじ》めな状態に固定する原因になっているからだ。初期の社会主義者たちはこんなふうに考えていた。

ところで、未来に永遠の世界が建設可能だという発想は、けっして社会主義者だけのものではなかったことにも私たちは注意を払っておく必要があるだろう。むしろこの心情は、さまざまな思想のなかに共通して流れていたと思ったほうがよい。科学の発展に期待した人々は、あらゆる問題が科学の発展によって解決されていくだろうと考えていた。民主主義や市民社会の成熟が、素晴らしき未来をつくると考えた人々もいる。近代の社会思想は、自分たちが思い描く未来への道筋を探究するものとしてつくられた。

このような広い視点からみると、社会主義思想もまた、ヨーロッパ的風土に生まれた近代思想のひとつだ、ということがわかってくる。その基盤には、近代ヨーロッパの人々に共通する心情があり、社会主義思想を特殊な思想としてとらえることは妥当ではない。

そして、今日動揺にさらされているのは、このような未来観なのである。環境問題は、人間の文明の発展とよき自然の維持との間に相反する関係があることを私たちに教えた。便利な世界がひろがることが人間の能力を低下させることも、われわれは知った。自由の尊重がときにエゴイスティックな社会をつくることも知っている。今日では、社会主義思想とともに、近代的未来観そのものがゆらいでいる。

転換

毛沢東死後の中国の変化をみていると、社会主義社会から資本主義社会への転換は案外容易なのだということがわかってくる。もちろんこの変化の過程は、いろいろな問題を発生させつづけてはいるけれど、比較的短期間のあいだに、社会主義中国が資本主義的な市場経済の社会に変わったことは確かであろう。このことは何を意味しているのだろう。もしも社会主義と資本主義とが全く異なる原理とシステムによって動いている社会なら、こんなに短期間で転換できるはずはない。むしろ逆に、資本主義と社会主義のあいだには共通する原理やシステムが数多くあって、だから転換も比較的簡単だったと考えるほうが納得がいく。

ソ連、東欧の転換でも同じことがいえる。ここでも社会は、案外容易に資本主義化をとげた。

資本主義と社会主義のあいだにある違いと共通性とは何か。この問題を解くには、二つの原理、システムが生まれた、十八世紀後半から十九世紀にかけてのヨーロッパの精神的な土壌をみておく必要がある。

十八世紀後半にイギリスで起こった産業革命は、十九世紀には、フランスやドイツなどの大陸ヨーロッパ諸国にもひろがっていった。とともに、この時代は、一七八九年のフランス革命に代表される、いわゆるヨーロッパ近代革命が実現されていった時期でもある。そしてこの時代状況のなかで、社会主義的な原理も、資本主義的なシステムも生まれた。

その背景には、ヨーロッパ的な近代精神の定着があった。この近代精神の基盤の上に、資本主義も社会主義も登場したのである。

歴史は進歩しつづけている、と当時の人々は信じていた。その歴史の進歩は文明の発展とともにあり、文明の発展は経済の発展に支えられると考えられていた。経済発展のためには科学や技術の発展が必要であり、この「発展」という言葉のなかに、自然の問題はふくまれていなかった。自然は、文明を発展させていくためには、克服、改造されなければならないと人々は考えていた。自然との関係を失ったとき、人間の大事な部分も失われるという発想はなく、人間たちはひたすら自然の開発と、文明、経済の発展を求めたのである。

資本主義と社会主義が生まれてくる背景には、このような精神土壌があった。だからこの二つのシステムは、社会は経済発展によって豊かになり、それが人間を幸せにするという共通の心情を持っている。違いは経済発展の方法を市場経済におくのか、国家の計画経済におくか、ということにすぎない。経済発展のために、科学や技術の進歩を重視するという発想も、自然の役割を大事にしないという点も、両者は共通している。そればかりか、二十世紀に入ると、経済の安定と発展のために国家や行政が一定の役割をはたすという考え方でも、両者は一致していたのである。ただし、社会主義社会では国家や行政が経済に全面的に介入し、資本主義社会では公共事業や金融政策をとおして部分的に介入する、という違いはあったが。

さらにこの二つのシステムは「愛国主義」を必要とする、という点でも共通していた。国の発展が自分たちを豊かにするという心情が、経済発展に人々を駆り立てるためには必要だったのである。実際、今日の中国をみても、社会主義的愛国主義が簡単に資本主義的愛国主義に転換しうることを示している。

とすると、資本主義と社会主義のあいだには、根本的な違いは存在しないのだろうか。実は、十九世紀前半頃までの草創期の社会主義思想には、資本主義とは異なる原理があったのである。それは働き方や富の分配、社会の意志決定の方法であった。人間的に働くためにはどんな働き方をしたらよいのか、平等な社会をつくるには分配はどうあったらよいか。誰もが社会の主人公になるには、すべての決定権を民衆が持っている必要がある。草創期の社会主義者たちが考えていたこれらの点にこそ、資本主義とは異なる社会主義の特徴があった。

だが、このような考え方もまた、現実の社会主義社会では、経済発展や国家の強化という目標によって消え去っていったのである。そして、資本主義と社会主義の共通性が表面化したとき、社会主義は「発展」の効率性が劣るシステムとして、人々から見放された。

労働の権利

十九世紀の西ヨーロッパにおいて社会主義思想が成立していく過程では、「労働者の権利」と「労働の権利」という二つの考え方が錯綜《さくそう》していた。「労働者の権利」として提起されていたのは、公平な分配＝賃金の増加や、衛生的な職場の確立、労働組合の承認、労働時間の短縮などである。それに対して「労働の権利」とは、人間的に働くことができるとか、誇りを持って働くことができることを意味していた。

もちろん、「労働者の権利」と「労働の権利」は、複雑にからみ合っている。誇りを持って働くためには、衛生的な職場も一定の賃金も必要だろう。長時間労働がつづいたのでは、人間的に働くことも不可能になる。その点では、この二つの権利を安易に分けることはできない。だが、そのどちらに重心を置くかによって社会主義思想の性格が変わることも、また確かなのである。

十九世紀の社会では、社会主義的な思想に共感する人々は、誰もが「労働者の権利」を必要なものだと考えていた。ところが「労働の権利」となると、立場によってその重要度が違ってきていた。

もっとも「労働の権利」を重視していたのは、当時の職人的な労働者たちだった。彼らは昔からの親方―徒弟制のもとで技を身につけ、職人としての技術を持っていた。自分の技を誇りにし、良い仕事をして人々から尊敬される。それが彼らの夢であった。ところが資本主義が成立すると、工場でつくられた大量生産品が市場に出回ってくる。それは職人の没落をもたらしただけではなく、長い期間の訓練や経験によって身につけた技が無意味になっていく時代をもつくりだした。技は尊敬の対象にも、自分の誇りの源にもならなくなった。

職人として生きていくことがむずかしくなった人々が工場労働者になったとき、彼らが直面したのは誇りなき労働という現実だった。自分で工夫したり、客の顔を浮かべながら働くことはなくなった。工場では、管理者の命令に従うことしか求められていなかった。ただお金のために働いているとしかいいようのない現実のなかに、彼らは巻き込まれていったのである。

人間的に働ける社会。誇りを持って働ける社会。それがなければ、幸せに生きることなどありえない。この気持ちを出発点においた人々は、「労働の権利」を重視し、「労働の権利」を実現していくためには、「労働者の権利」も必要だと考えた。

ところが、自分自身が労働者ではない社会思想家たちは、必ずしもそうは考えていなかった。

たとえばマルクスも職人出身の労働者たちの発想を、職人社会時代の郷愁にすぎず、経済が発展していくという歴史の歯車を逆に回そうとしていると退けている。人間が幸せになるためには経済の発展が必要であるという立場を、マルクスは持ちつづけた。資本主義社会では、労働者が不当に扱われていることが問題で、だからこそ「労働者の権利」は実現されなければならないし、社会主義社会こそが「労働者の権利」を完全なかたちで成立させると彼は考えていた。マルクスの著作『資本論』には、余暇時間の増加が人間の自由をもたらす、という意味のことが書かれている部分があるが、それは裏を返せば、労働それ自体が自由で誇り高き営みになることはない、という意味になる。

社会主義思想について考えるとき、私はいつも、この十九世紀に問われた問題に戻っていく。労働は賃金を得たり、余暇を楽しんだりするための手段なのか。それとも労働自体が豊かで誇り高い営みにならなければ、人間は幸せにはなれないのか。私は、後者を追求しつづける夢を捨てたくはない。

だが、現実には、二十世紀の社会主義思想は、「労働者の権利」ばかりに目を奪われてきた。生産性を高めるために分業と単純労働からなる資本主義的工場のかたちをソ連に導入したのは、ロシア革命を導いたレーニンであった。資本主義の国々の労働運動でも、労働のあり方をめぐって闘いが起こることはなかった。経済の発展と分配の公正さが追求されつづけたのである。

反グローバリズム

五年ほど前のことだった。フランス国鉄の長距離列車に乗っていたとき、突然、車内放送があった。フランスの鉄道で車内放送があるときは、旅行者にとってはたいていは都合の悪い知らせである。このときはストライキの連絡だった。次の駅でこの列車は運行を停止すると、車内放送は告げていた。

以前は、フランスに滞在しているときは必ず朝のテレビニュースを観《み》る必要があった。そうすると、その日におこなわれるストライキがわかる。鉄道のストライキ、バスのストライキ、銀行のストライキ、空港のストライキ。それくらいは頭に入れておかないと、旅行者は頭をかかえることになってしまう。しかも、それ以外にも突然のストライキがいろいろなところでおこるから、余裕のない計画をたてていると大変だった。

ところが、現在のフランスでは、そんなこともめっきり少なくなっている。

かつて私たちが社会主義と呼んだ動きには、二つのものがあった。ひとつは社会主義国家、もうひとつは資本主義社会での社会主義運動である。この両者は、互いに支持、協力関係にあるときも、逆に対立し、対決していることもあった。フランスをみれば、フランス共産党はソ連と比較的良好な関係にあったが、それ以外のさまざまな社会主義者たちは、社会主義国家に対しては激しい批判をあびせているのが普通だった。

日本でも、親ソ連派や親中国派の社会主義者は、むしろ少数派だったといってもよい。とすると、ソ連が崩壊し、中国が資本主義の道を歩みはじめたとしても、それらと対決していた資本主義社会での社会主義運動は今日なお健在であってもよいはずである。ところが、フランスでも、社会主義運動は以前よりはるかに下火になっている。日本でも、多くの若い人たちが社会主義という言葉に魅力を感じる時代ではなくなっている。なぜなのだろう。

十九世紀のヨーロッパで社会主義運動がはじまって以降、この運動の担い手たちは、未来の歴史をつくりだすという意志をもっていた。人々が平等で幸せになれる未来である。社会主義思想への評価は別にしても、この運動を担った人々の未来への思いは正当に認めておく必要があるだろう。

ところが素晴らしい未来をつくりだしたいという思いがあるからこそ、二十世紀の終盤に入ると運動の担い手たちは、社会主義思想への疑いを持ちはじめたのである。

自然や環境の問題に直面したとき、社会主義思想もまた人間中心主義で、自然の役割を無視していたことに気づいた。消費的豊かさのなかの空疎感が拡がるなかで、二十世紀の後半に入ると、人々は真の豊かさとは何かを考えはじめていた。そのとき、社会主義思想も生産力の拡大を重視する思想であり、この思想からは豊かな労働のあり方や、経済力だけでは実現できない豊かさをみつけだすことはできないことを知った。

未来の社会のためにいまどう考え、どう行動すべきかという思いが、かつては多くの人々を社会主義運動に向かわせ、その思いが今日では、社会主義思想から人々を離反させている。

フランスではこの三十年の間に、都市から農山村に移住する多くの人たちを生みだしてきた。この動きが、百年近くもつづいた農山村の過疎化の歴史を終了させてしまったほどに、である。その人たちのなかから、自然とともに、地域とともに、豊かな労働、豊かな人間関係とともに生きる道が提案されてきた。この担い手たちが、今日のフランスの反グローバリズム運動を形成し、いまでは大きな社会勢力になってきている。

フランスの農山村に行くと、かつて学生運動をしていたという人々によく出会う。そういう人たちと話をしていると、ひと昔前の社会主義運動と同じくらいの数の人々が、新しい思想を模索しながら、資本主義の問題点と対決しつづけていることに気づかされる。パリでは労働者のストライキもデモも少なくなったけれど、それがフランスすべての様子ではない。自然とともに生きるとは、どういう生き方をすることなのか。豊かな働き方は、今日の経済システムのもとで実現できるのか。そういう問いから資本主義批判が展開される時代がはじまっている。

組織労働

私の周囲では、この十年くらいの間に、実に多くの人々が企業から離れはじめている。定年後に再就職先を求めない人、希望退職に応じて自営業や市民活動に転ずる人、企業を辞める準備をしている人、農山村に移住する人。かたちはさまざまであっても、企業で働くことにある種の価値をみいだした戦後社会が崩れはじめていることは確かな気がする。それは一体、何を意味しているのだろうか。

十八世紀後半にイギリスで起こった産業革命は、近代的な企業という新しい生産組織をつくりだした。この形態は、経済を拡大し生産効率を高めていくうえでは大きな役割をはたした。職人による手づくりの時代から、多くの人たちが企業に所属して働き、組織的な生産と分業、計画的な経営と生産の拡大をはかる時代がはじまった。

この変化を、マルクスやエンゲルスに代表される社会主義の思想家たちは、まずは肯定的にとらえた。組織化された労働によって、生産力が拡大すること自体は、歴史の発展として歓迎されたのである。ただし、この組織的な労働が資本主義的な経営として生まれたために、労働者は正当な分配を受け取ることができないばかりか、人間性を無視された過酷な監視労働下におかれていると彼らは考えていた。つまり、社会主義者たちは、近代的な組織労働のかたちを肯定しながら、それが資本主義的経営として成立していることを問題視したのである。

私は、この判断に誤りはなかったのだろうかと、あえて問いかけてみようと思う。

企業という組織労働のかたちが生まれてから以降、社会主義者たちの目標のひとつは、企業のなかに労働組合をつくり、経営者に労組の活動を承認させることであった。労組の活動によって、労働者への待遇を是正させながら、自分たちの力を強めていこうとしたのである。

もちろん私も、この動きを正当なものと考えている。ただし、この社会主義者たちの要求には大事な問題が欠落していた。それは、近代的な組織労働をどう評価するか、という視点である。あるいは、この労働のかたちを、経済の発展をもたらすものと安易に肯定してしまってよかったのだろうか、という思いが私にはある。

労働組合の活動がある程度社会的に承認されるようになると、資本主義の問題は次第に、労働者の待遇の問題に一元化される傾向を深めていった。それは、日本の戦後の労働組合運動をみてもわかる。労組は一貫して、賃上げ、労働時間の短縮、福利厚生の充実、労働強化に対する是正などを要求していた。その動きのなかで、同時に追求しなければいけなかったはずの、どんな労働をすることが人間の豊かさや幸せにつながるのか、という問いかけを忘れた。自分たちの仕事はどうあるべきか、という問いを忘却したのである。

もっとも、この問いを徹底して追求すれば、両刃の剣のようになっていたことだろう。なぜなら、誰もが自分の仕事はどうあるべきかを追い求めはじめたら、組織化された労働の世界に身をおくこと自体が不条理になりかねないからである。企業のなかでは、たえず効率や成果が求められる。企業内システムに従う必要性もある。すなわち、本当の仕事とは何かを追求しても、企業の持っている仕組みがそれを拒む壁として現れてしまう。

もちろん比較的小さな企業や、設立時の雰囲気が残っている企業では、企業内で仕事とは何かを追求できるケースもあるだろう。だが、それが不可能なら、労働者には二つの選択肢しかなくなる。ひとつは自分の仕事の世界をつくろうとして企業から離れること、もうひとつは労働は労働と割り切って待遇の改善を求める道である。

ほとんどの労働組合は後者の道を歩んだ。それが、自分たちの待遇のことしか考えない運動という批判を生み、社会勢力としての信頼を喪失させた。

近代的な企業の成立によって、私たちの社会は大量生産、大量消費の仕組みを手に入れた。経済はそのことによって大きく拡大した。だが人間の仕事の未来はどうなっていくのか。

社会主義が、人間的に働き、人間的に暮らす社会の建設を目標とする運動であるとするなら、近代的な組織労働を肯定したとき、社会主義思想の敗北ははじまっていたのかもしれない。

第八章　近代思想と仕事

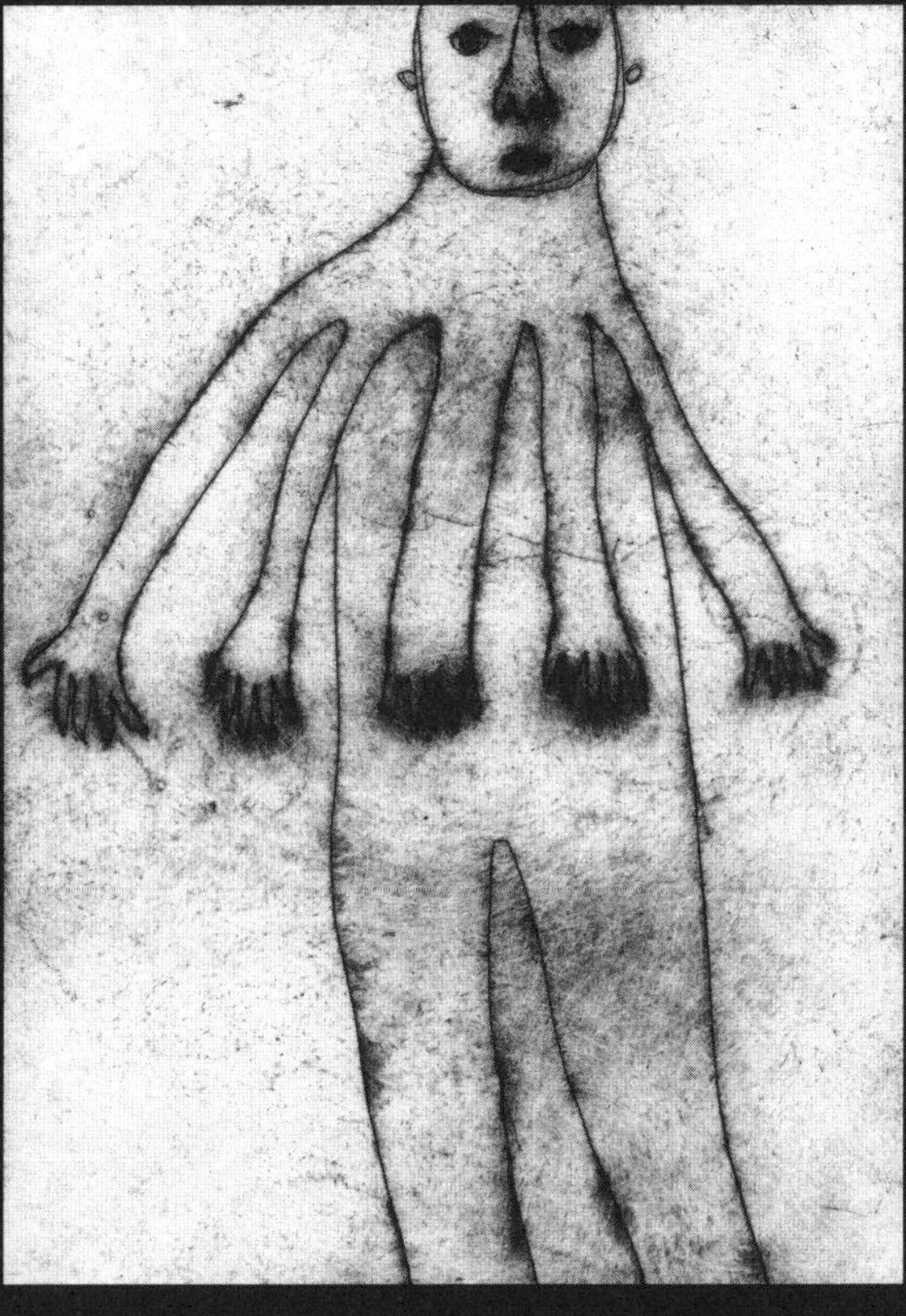

知性

かつて、群馬県上野村の私の家に、夜になると遊びにくる一匹の野ネズミがいた。自分で開けた壁の穴から暗くなると入ってくる。いろいろな遊びを考案しながら過ごし、朝になると山に帰る生活をしていた。柱をよじのぼり、私の肩に跳び蹴《げ》りをしたことがある。私の煙草《たばこ》を持っていって、吸い方を考えていたこともある。残念ながら火をつけることがわからなかったので、目的は達せなかったのだけれど。

何かをたくらんでいるときの表情は面白かった。部屋の隅で、思案しているのである。

それを「知性」と呼ぶなら、私は、すべての生き物たちの「知性」のレベルは変わらないと思っている。自分に必要なことはすべて知っているし、新しいたくらみも考案する。人間との違いがあるとすれば、お金がほしいとか、持ち物や財産をふやしたいといった、自然界からはみだした過剰な欲望を持っていないことと、彼らの「知性」は「知性」だけで独立していなくて、身体の動きと一体になっていることだけだ。

近代的な思想は、人間が持っている「知性」を絶対視した。たとえば、近代哲学の父とも呼ばれたデカルトが、〈われ思う、ゆえにわれあり〉と述べたとき、それは、考えている私は確かに存在するという意味であり、私の本質は考えている私に、つまり私の本質は知性にあるということであった。そして、この知性こそが真理を発見していく力だと考えられた。デカルトは自然科学の信奉者でもあったけれど、科学がこの世界の真理を発見し、それらの学問をつくりだしていく力が知性であるという、知性に対する全幅の信頼がデカルトにはあった。

とすると、ここで述べられている知性は、やはり人間だけの所有物だ。なぜなら、上野村の私の家を訪れた野ネズミは、いろいろなことを考え、たくらみを張りめぐらしてはいたけれど、自然科学を深めて真理を発見しようなどとは思っていない。自分の生きる世界こそが真理の世界なのであり、真理は発見する対象ではない。

ところで、このデカルト的な思考は、仕事のとらえ方にも影響を与えるようになる。

近代的な生産がはじまると人間たちの仕事は、生産システムをつくる仕事と、そのシステムのもとで働く仕事に分かれる傾向を示した。自然科学が発見したものは、生産の場所では生産技術になり、この生産技術を創造する人々と、その技術に従って作業をする人々とに分かれていく。経営システムをつくる人と、その経営システムのもとで働く人。そんな分化が進行した。

近代以前の労働はそういうものではなかった。職人は設計者でもあり、作業をする人でもあった。商人は、自分の商いのあり方を自分で決めながら、日々の仕事をしていた。仕事のすべての部分が、労働のなかに包みこまれていたのである。

ところが、近代的な生産では、仕事の分化がはじまる。そしてこの動きと、人間の知性を絶対視する思想が結びついた。人間の労働が、知性を働かせた「知的労働」と「肉体労働」とに分けてとらえられるようになったのである。「知的労働」が人間的な労働であり、「肉体労働」は肉体の消耗にすぎないという考えが、こうして定着していく。

私はこのような考え方が、人間の労働を痩《や》せ細らせていったのではないかと考えている。考えることと身体を動かすこととは、一つの労働の二つの側面にすぎなかったのに、この二つの側面が切り離されてしまった。たとえば、つくりながら考え、考えながらつくる労働が、考える人とつくる人とに分かれてしまったのである。

それは、第一に、「肉体労働」をつまらないものにしてしまった。決められた生産システムのもとで同じ作業を繰り返すだけなら、この仕事が面白いはずはない。とともに、「知的労働」も創造性のないものに変えてしまった。もしも「知的労働」が創造的なものであるとするなら、それは仕事の全過程にかかわりながら、考え、工夫をし、研究や開発をするときに生まれてくる。実際、仕事の全過程にかかわることができなくなったとき、「知的労働」は次第に、マニュアルに従って仕事をする方向に向かった。

近代以降、経済は飛躍的に拡大したが、人間の仕事そのものはこうして痩せ細っていった。

価値

今日では誰もが、一面ではお金のために働いている。収入と働くこととの結びつきを、私たちは無視することはできない。

ところが、お金のためにのみ働いているのかといえば、そうでもない。収入とは別のところで、自分の仕事に愛着を持っている人はいくらでもいるだろう。それなのに、お金以外の動機が何であるのかと問われると、自分でもうまく答えられないのが普通である。だから、「何となくいまの仕事が気に入っている」というような、曖昧《あいまい》な答えをしてしまう。

それは、「価値」というものが持つ曖昧さからきているのだと私は思っている。私たちはよく、自然や人間の価値、自分の価値基準などというかたちで価値という言葉を使うけれど、そのときも価値の内容は必ずしも明確ではない。

この問題は、十八世紀に誕生してくる古典経済学にも大きな影響を与えた。たとえば経済学の祖といってもよいアダム・スミスの本を読むと、彼は、経済活動から生みだされる価値とは何かをどうとらえたらよいのかをめぐって、心情的にはゆらいでいたことがわかる。はじめにスミスが関心を払っていたのは、「使用価値」という価値だった。使用価値とはその物の有用性のことであり、それを使ったとき利用者が手に入れることのできる価値である。

経済活動が人々に豊かな有用性を提供していければ、本当の意味で豊かな社会が生まれるだろうとスミスは考えていた。ところが、そう思いながらも彼は迷った。なぜなら、有用性としてあらわれてくる「使用価値」は、合理的な価値量の決定ができなかったからである。たとえば、ある人にとっては有用性の高い食べ物や衣服が、別の人にとっては有用性の低いものになる、ということはありうる。「使用価値」には、誰に対しても共通になる客観的な価値量が存在せず、ゆえにそれは合理的にとらえられる価値ではない。このような事情からスミスは、この非合理な価値を軸にして経済学をつくることをあきらめた。

代わって軸におかれたのが「交換価値」だった。単純化してしまえば、「交換価値」とは、市場での交換上の価値である。この価値なら合理的な価値量の把握ができる、と彼は考えた。だが「交換価値」を軸にして経済学をつくるのは問題もあった。なぜならこの価値は市場での価値であって、その価値評価が高かったとしても、それが人々の暮らしの豊かさにつながるとはかぎらないからである。スミスがしばしば例にあげたように、ダイヤモンドを所有することが、豊かな有用性に包まれた暮らしをもたらすとはかぎらない。

「使用価値」を基準にすれば、豊かな社会づくりとは結びついても合理的な価値把握ができず、「交換価値」を基準にすると、合理的な把握はできてもそれは市場の論理にすぎなくなって、人間たちの豊かさとはすれ違う。

価値とは、このような性格を持っているのだと思う。「使用価値」のように、豊かさ、幸せと結びついている価値は合理的にとらえられない、つまり非合理性のなかにある。

私たちは何のために仕事をするのか。この問いに対しても、私たちは、自分にとっての本当の仕事の意味は説明できないのである。それに対して、収入のために働くという説明はわかりやすいし、現実には確かにそういう面もある。それに、仕事の価値を収入の量で測るのもわかりやすい。そして、このわかりやすさが、お金の社会をつくりだす。お金ほどわかりやすく、単純な基準はないのである。だから、私たちが経済活動に合理的な基準を求めれば求めるほど、お金という基準は魅力的なものになってくる。

二十世紀の経済学者、ケインズは、資本主義社会は貨幣愛の社会だと述べた。お金が基準になるから、資本主義はわかりやすく、効率がいい。しかしその過程では、人々の精神が貨幣愛に蝕《むしば》まれていく、と。

合理的な価値と非合理な価値との関係を、間違えてはいけないのだと思う。合理的なものは、わかりやすくても本当に大事なものではない。ところが近代思想はそれを間違え、すべてを合理性のなかに解消しようとした。それが、今日の人間の存在の不安定感をつくりだした。

諒解

理解することと諒解《りょうかい》することは違うと私は思っている。理解のためには、仕組みや道筋の認識が必要になる。たとえば自然の仕組みを認識して、私たちが自然とは何かを理解するようにである。ところが諒解のためには、必ずしも仕組みや道筋の認識は必要ではない。自然の仕組みはわからなくても、人間もまた自然とともに生きているのだと諒解することはできる。

この視点から考えていくと、近代以前の人々は、理解された世界ではなく、諒解された世界を軸にして生きていたのではないかと思えてくる。農民は土の中の栄養素や微生物の働きを理解してはいなかったけれど、豊かな土が豊かな作物を育てることを知っていた。農業のあり方を諒解していたのである。

自分はなぜ生まれてきたのか、死とは何かと問われても、それを理解するのはむずかしい。新しい生命が誕生する仕組み、その生命が閉じる仕組みを説明されても、そのことによって生の意味や死の意味がわかるわけではないだろう。それは理解するものではなく、諒解するものだという気がする。つまり、近代以前の人々は、日々の営みも、生や死についても、家族や自分の暮らす地域社会や自然のことも、諒解することによって納得しながら暮らしていた。

　もちろんその過程では、諒解できないことも発生しただろう。社会や権力構造などが諒解できないものとしてみえてくることもある。

　その諒解できる世界とは、その内部に身を置いている者にしか納得できない性格を持っている。砂漠の民には、砂漠に暮らす人々の諒解できる世界がみえるけれど、それは湿潤な日本で暮らす人々が諒解できるものではないだろう。農民が諒解している世界を、都市の人々はつかめないという場合もある。お互いに理解し合うことはできても、心の底から諒解することはむずかしい。諒解する精神を軸にして人々が暮らしている時代は、自分の生きている世界の外に無数の諒解できない世界がひろがっていることを人々が受け入れながら暮らしている時代でもあったのである。

　近代的な精神は、このわかりにくい世界をわかりやすい世界に変えたのだと思う。自然科学は太陽と地球の関係や地震や噴火の仕組み、自然の構造などを私たちに教えた。そして社会科学もまた、経済や社会の仕組みなどをわかりやすく解析していった。諒解しなければつかめなかったものが、理解できるものに変わっていったのである。そしてこのことのなかに、近代を迎えた人々の解放感もあった。すべてが理解できるようになっていく。自分の生きる世界以外はわかりにくかったのに、すべてがわかりやすい世界に変わっていく。まるで目の前の霧が晴れていくような解放感を人々は味わった。

だが、そのことのなかに、新しい問題点もまたひそんでいた。次第に人間たちは、理解できることしかつかめなくなっていった。理解とは別のところにある、諒解して納得する精神を失ったのである。その結果、諒解を必要とするものがわからなくなった。生の意味や死の意味をつかむことができなくなり、生物学的な自然の知識はふえても、自然という生命世界をつかみとることは苦手になった。

そしてそのことが、私たちの労働の世界も変えたのだと思う。なぜ自分はこの仕事をしているのか、という問いに対する答えも、かつては諒解のなかにあった。多くの人々が家業を継ぎながらも、いつの間にかその仕事が諒解できるものに変わっていったのである。

ところが現代では、私たちは労働に、わかりやすく理解可能な結果を求めている。そればかりか、労働そのものをわかりやすく変えようとして、労働のマニュアル化や単純化をすすめてきた。自分たちの理解できる世界だけで労働を組み立て、それが理解の外にあるものを無視させる傾向を生んだ。こうして経済の発展が、自然や地域社会、家族や人間の精神をこわす時代をつくりだした。しかも労働の成果にわかりやすさを求めれば、最後は金銭的な利益に向かう。これほどわかりやすいものは他にはないのだから。こうして私たちは、お金が世界の中心にあるかのごとき時代をつくりだしてしまった。

和讃

二、三年前、群馬県の山村で、この村の念仏講の人々がうたう和讃《わさん》を聴いた日があった。念仏講も和讃も、平安時代の末から江戸時代にかけて、全国各地でさまざまなものがつくられた。農山村には、いまでも念仏講がつづいている地域がよくあるが、決まった日に講の人たちが集まって、念仏を唱えたりする。和讃は、仏教の考え方を歌のかたちで表現したものである。

この群馬県の山村の念仏講の人々は、講の日だけでなく、昔から村人が息を引き取りそうになると、枕元に集まって和讃をうたってきた。そうやって亡くなる人を極楽浄土へと送る。この村では今日なおつづいている大事な儀式である。

唱和された和讃の内容は次のようなものだった。前半では念仏の由来が語られ、後半では亡くなろうとしている人にこんな言葉が語りかけられる。〈山の峰の上に、いま阿弥陀《あみだ》様が立っている〉。峰越しの阿弥陀様伝説は各地にある。極楽浄土に連れていこうと迎えに来たのである。そして、その後のくだりが私を驚かした。和讃はこのようにつづいた。〈ところが山に霧がかかっていて、あなたには阿弥陀様の姿がみえない。そうなってしまったのは、あなたの心の邪見《じゃけん》さが霧をつくり、阿弥陀様をみえなくしてしまっているからなのだ〉

これで終わりだった。阿弥陀様が迎えに来ているのがみえるでしょ、安心してあの世に行きなさい、と言うのかと思ったら、そうではなかったのである。

もっとも、伝統的な日本の人々の信仰観からみれば、この村の和讃のほうが妥当である。人間の心は自然のように清浄ではない。不必要な欲望やねたみ、敵対心などを持ちながら生きてきたのが人間である。人間の心のなかには、暗闇や霧に覆われた部分も存在している。だから、そのことに早く気づきなさい。自分もまた罪深い人間だったということに気づかなければ、自然の世界に帰ることができない。この村の和讃はそのことを、亡くなろうとしている人に語りかける。自分の心の闇に気づいたとき、霧は晴れ、阿弥陀様の姿があなたにみえるだろうと、言外に語っているのである。

洋の東西を問わず近代以前の人々は、生の世界を絶対視してはいなかった。生の世界と死の世界は一対のものとして存在していると考えられていた。いわば、男性がいるから女性が成立し、女性がいるから男性が成立するように、生の世界があるから死の世界が成立し、死の世界があるから生の世界が成立すると感じていた。生の世界は、死の世界によって照らされているからこそ存在している、と。人々はたえず死の世界と向かい合いながら、生の世界にいる自分をとらえかえした。臨終は、その集大成のときでもあった。

そして、このような発想を持っていたからこそ、人間たちは、過度に「人間的」であることを戒めた。真面目《まじめ》に働き、誠実に生き、質素に暮らすことを受け入れられた。死後の自分を考えながら現実を生きることが重要だったのである。

近代革命を人間の精神革命という視点から考察すれば、それは生きる世界の絶対化だったのだと思う。死は向き合うものから遠ざけるものに変わった。その結果、一方では死を孤独な恐怖に変えながら、他方では、生のあり方を抑制から解き放ったのである。人間の欲望も、歴史を発展させる原動力として肯定されるようになり、人々は生の世界でいだく欲求のおもむくままに生きるようになった。こうして、自分の生の世界を満たすために働き、消費する時代が展開するようになったのである。

ところが、今日の私たちはその結果生まれた現実を前にして、戸惑いを感じるようになった。確かに多くを消費するようにはなったけれど、それだけでは満たされないものがあることも知った。自分のために働くことが、自然や人々の営みをこわすことが多いと気づくようにもなった。私たちはいま、働き方や暮らし方のすべてを問い直したい気持ちになっている。

その問いをとおして、生の世界を絶対化した近代的精神が今日の現実をつくりだした、というひとつの歴史がみえるようになった。この歴史をどうとらえ返したらよいのか。私たちは重い課題を背負っている。

普遍性

かつて多くの子どもたちにとっては、親や大人たちは尊敬の対象であった。それは大人たちの仕事に時間的普遍性があったからではないかと思う。

いつの時代にも通用する普遍性、歴史が変わっても価値が失われないものにある普遍性を私は時間的普遍性と呼んでいる。たとえば、自然はどのような時代でも価値のあるものだし、すぐれた芸術もまた同様である。

伝統的な仕事も、時間的普遍性を持つもののひとつだった。農民や職人たちの仕事は基本的に変わることはなかったし、その技はいつの時代にも通用する能力だった。しかもこの能力は、経験を積まなければ手に入らない。

だから子どもが、いずれ親や大人たちと同じような仕事に就いていた時代には、大人は子どもにとって尊敬の対象だった。なぜなら、手際よく仕事をなしとげていく大人たちの技や判断力は、いつかは自分が手に入れたいものでもあったからである。

近代以降の時代は、時間的普遍性をつき崩し、代わって、場所的普遍性に新しい価値をおいた。地域が変わっても変わらない価値、つまり場所が変わっても普遍性を持つものが大事にされるようになったのである。近代以降の社会が重きをおいてきたものは、思想であれ、科学や技術であれ、さらに資本主義のシステムや政治、軍事システムまでふくめてすべてが場所的普遍性を持つものであった。

この転換が、仕事のあり方をも変えた。伝統的な仕事は、場所が変わればその内容も方法も変わる。たとえば農業は地域によってさまざまなものが営まれているし、職人の技も、地域の風土に合わせていろいろなかたちをとるだろう。時間的普遍性はあっても、場所的普遍性はとぼしかったのが伝統的な仕事であった。ところが、近代化のなかから生まれた「新しい仕事」はこの関係が逆になっている。仕事のあり方は時間とともにめまぐるしく変わるが、地域が変わっても同じ仕事が通用する。だから、日本の工場が閉鎖され、代わりに中国などに工場を造るといったことが当たり前のことのように可能になった。

この近代の転換が、仕事と風土との関係を失わせ、同時に、変わらないものに価値がある時代から、変わることに価値がある時代へと歴史を変容させたのである。いうまでもなく、その背景には、歴史は進歩、発展とともにあると考える近代人たちの思想があった。

問題はこの大転換によって、自然と人間はどういう状況におかれたのかである。はっきりしているのは、この転換は自然にとっては迷惑なものだったことだ。第一に、人間の仕事が風土との結びつきを持たなくなることによって、仕事を介した自然と人間の相互的な関係が失われた。第二に、自然は人間の文明の発展の過程で改造の対象とされ、自然の永遠の循環は損なわれていった。近代の転換は、自然にとっては幸福な出来事ではなかった。

では、人間にとってはどうだったのだろうか。ここに今日的なもうひとつの問いがある。人間たちが進歩や発展を競う時代がはじまると、経済や生産力は間違いなく大きく拡大していった。そして、このことに熱狂していったのが、十九世紀、二十世紀の人間史であった。だが、今日の私たちは、少しずつこの熱狂から覚め、冷静に近代以降の時代を振り返る精神を取り戻しつつある。そのとき、私たちはどんなことを感じるようになったのだろう。

たとえば、中国に工場を造れば日本と同じものを生産できるとはどういうことなのか。それは、今日の日本でおこなわれている労働の大半が、蓄積を必要としない労働だということである。もしも長い蓄積がなければ実現できないような労働であるなら、いきなり中国に工場をつくっても同じものが生産できるはずはない。

それは、人間の労働力は必要とされていても、労働能力はさほど期待されていないことを意味する。その時代のシステムに対応することだけが求められ、そうすることが人間の仕事になった。自分の仕事のなかに時間的な普遍的価値をつくりだすことが困難になったのである。

この近代の転換によって、はたして人間は幸せになったのだろうか。

専門性

ナチスが権力を獲得していく過程を撮った記録映画をみていると、いたるところに熱狂する民衆の姿が映し出されている。あたかも、いまここに「民族の祭典」が始まった、とでもいうように。いうまでもなく、ファシズムは民衆の支持によって、その政権を成立させた。

そして、ファシズムが成立していく過程では、記録フィルムに残されている熱狂する民衆とは別に、もう一種類の「冷静な」熱狂者たちがいた。ナチズムを支えていく多くの科学者や技術者、専門家たちである。彼らは、行進するナチスの兵隊たちを、街頭で手を振って迎えたりはしない。だから、記録映画に写し出されることは少ない。

たとえば、最新の兵器を開発していった技術者たちがいる。「医学の発展」のために、ユダヤ人や「劣性」ドイツ人を使って、人体実験を重ねていった医学者たちがいた。ナチスの宣伝映画の製作に情熱を傾けていった人たちもいる。実に多くの専門家たちが、ドイツ・ファシズムの成立によって仕事の自由を獲得し、それまではできなかった仕事に熱中していった。

このような歴史をみていると、人間が仕事に熱中するとは何なのだろうか、と考えてしまう。一般論としては、人間が情熱を持って仕事をすることが悪いはずはない。だが、歴史のなかでは、人々の仕事への情熱が、しばしば犯罪的な行為を支えてきたこともまた事実である。

この関係は、現代の日本でもいくらでもみつけだすことができる。誰の目にも明らかな自然破壊につながる開発をすすめてきた人たちも、自分の仕事に情熱を持っていたはずだ。企業の利益のために情熱を持って犯罪的行為をした人もいれば、役人たちの仕事への情熱はしばしば私たちを憤慨させてきた。犯罪性の程度に差はあれ、現代の日本で起きていることとナチズムを支えた専門家たちの行為の根は同じである。ナチズムを支えた専門家たちの行為の犯罪性が、後になって認識されるようになったことを思い起こせば、今日の仕事のなかにも、後世で明らかにされるさまざまな問題点がひそんでいるに違いない。

近代以前の社会では、善意のつもりでおこなった仕事が犯罪的行為につながるということは、ほとんどなかったのではないだろうか。農民や職人や商人たちが情熱を持って自分の仕事に打ち込んだとしても、それが犯罪的行為に結びつくことはまずは考えられない。とすると、なぜ近代以降になると、仕事への情熱が社会的犯罪をも生みだしてしまうようになったのか。

私は、それは、近代的な個人のあり方に原因があるのではないかと考えている。

近代以前の人々には、自分の仕事と社会との関係が自然にわかっていた。その社会はそれほど大きいものではなく、自分の暮らす社会の広さだと思えばよい。つまり、農民や村の職人、商人にとっては農村共同体であり、都市の職人や商人にとっては、自分がかかわりあっていく都市社会が自分の暮らす社会である。

この社会のなかで仕事をしていた時代は、仕事をするということと、社会の一員として暮らすことが密接に結びついていた。社会の一員として、自分個人の仕事を確立していた。

近代的な個人は、社会と自分の仕事との関係を弱いものに変えた。仕事は仕事、社会は社会になって、自分のために仕事をするようになっていった。それが収入のためであれ、他の何らかの目標の実現のためであれ、である。そして、その仕事のなかに専門性が組み込まれたとき、自分の専門性を満足させることだけに沈酔していく人々が現れてくる。

このような人々にとっては、専門家としての仕事の自由を得ることが何よりも大事になっていく。吉田昌弘の論文『第三帝国の「医療犯罪」』によると、ナチスの政権が人体実験をふくむ自由な研究を認めたとき、医学の研究者たちは続々とナチスの党員になっていった。自分の専門家としての自由を獲得するために、である。

こうして、自分の仕事の世界を守るために、反社会的行為にも手を染める人々が生まれた。仕事と自分の暮らす社会との結びつきを失い、その結果として、自分の暮らす社会全体を視野に収めることがなくなった近代的な個人のあり方が、その基礎をつくったのである。

個人の仕事への情熱が問題を引き起こす不幸な時代が、ここに生まれていた。

江戸

江戸時代の日本は、生産地としての農山漁村、消費地としての都市というかたちを持っていた。もちろん都市のなかにも、生産、流通を柱にしていた大阪のようなところもあったし、どこの都市でも多少の生産はおこなわれていた。しかしその生産は、都市の人々の消費的生活と直結した生産であって、そのことは、城下町の町名に、大工町、鍛冶屋《かじや》町、簞笥《たんす》町などが残っていることからもわかる。いわば、基本的な生産は田舎に依存し、都市では、消費者の求めに応じるものだけが生産されていた。

このようなかたちにならざるをえなかったのは、都市には武士が集まっていたからである。武士たちは、京都の公家をふくめて、ひたすら消費的な生活をしていた。江戸の町をみれば、町人の数がかなり増加し百万都市となっていた幕末期でも、半分は武家人口であった。

それは、江戸時代のいろいろな課題を生むことになった。一番大きな課題は、なぜ武士たちが働かずに生きていてもよいのかを説明することであった。戦国時代の武士には命をかけて戦うという使命があったが、太平の世にはそれもない。役人的な仕事も全員に分け与えられていたわけではないし、その役職も名ばかりで、実際にはほとんど仕事らしきものがないのが実情であった。この苦しい武士の立場に解決策を提供したのが儒学であり、日本の儒学の中心になった朱子学だったことはよく知られている。この理論では、天命にしたがって仁政《じんせい》をおこなうことが王や為政者の使命であった。仁政とは徳の高い政治を意味する。この考え方にもとづいて、武士は自分たちを道徳の担い手と位置づけ、道徳的、倫理的であることに生きがいをみいだしていった。

といっても、それだけを生きがいにして三百年近い時代を生きつづけることは、相当の苦悩を武士にもたらしたようである。道徳の箍《たが》がはずれればたちまち腐敗も発生する。あるいは町人的な風情《ふぜい》のなかに軽妙な人生をみつけようとする者も出てくる。こうして、浄瑠璃、三味線、歌舞伎の真似《まね》などが武士の間に流行し、それが江戸の消費文化をますます拡大していった。

たとえば江戸中期以降になると、江戸には出版文化とでもいうべきものが発生してくるが、その初期の作者たちは大半が武士であった。絵双紙《えぞうし》から発展した黄表紙《きびょうし》や、洒落本《しゃれぼん》といった庶民小説が武士を主要な書き手にして生まれ、江戸の出版文化が生まれている。しかもこの動きは、あっという間に市場を拡大し、原稿料で生活する作家的生活を可能にさせたばかりでなく、売れるものを書くのが作家であるという頽廃《たいはい》した出版文化を一般化してしまったのである。

江戸時代の武士たちは、一方では道徳、倫理の担い手として自己を位置づけ、他方ではそこからこぼれていく通俗文化の担い手を生みだしつづけるなかに、自分たちの世界をつくりだしていた。そこに生産活動を離れ、消費のなかに生きた武士の姿があり、江戸という消費都市の現実があった。

もともと人間たちは、誰もが生産者であり消費者だったのだろうと思う。人々は自分の生活で必要なものを生産し、消費しながら暮らしていた。このかたちが、社会構造として大規模に破られたのが江戸時代だった。そして、この時代の出版文化がそうであったように、消費に主導され、市場から導きだされた生産は、その内部にある種の頽廃をはらんでいた。

もしかすると、今日の私たちの社会にも、類似した問題があるのかもしれない。私たちは、学生までの時期と定年以降に消費者として生きることを義務づけられている。とすると、この時期の自分をどう位置づければよいのか。江戸時代の武士のように何らかの道徳や倫理を支えとするのか、それとも人生の軽妙さに生きがいをみいだすのか。あるいは、第三の道はありうるのか。

とともに、消費に主導された生産がはらむ通俗性や頽廃の問題も、今日の私たちの課題でありつづけている。いまでは、いかに多くの生産が消費に迎合するかたちで展開されていることか。

江戸時代は、こうした問題に十分な答えを用意できないままに、崩壊した。

合　意

「消費」という言葉を語源どおりに用いれば、「使いつくすこと」である。ところが私たちの感覚は少し違う。消費者という言葉が購入者を意味しているように、消費とは購入したものを使うのであって、自分でつくったもの、たとえば自家製の野菜や自分の料理したものを食べることは、普通は、消費という感覚ではとらえられていない。つまり、私たちにとって消費は、生産、流通、消費というつながりのなかで位置づけられている。

とすると、この購入者としての消費者は、どのようにして発生したのであろうか。

江戸時代になると、房総半島に漁村が生まれている。それ以前には、房総に漁村は存在していなかった。なぜなのか。それは魚が流通していなかったからである。もちろん海辺の人たちは、昔から魚貝類を捕っていた。だが、捕ったものを売ることができなければ、大量に捕っても意味がない。自分たちが食べるだけならわずかでよい。だから、以前の房総には、海辺の暮らしはあっても、漁をなりわいとする村としての漁村は存在していなかった。

江戸時代に入り、江戸の町が大きくなっていくと、ここに一大消費地が生まれた。そして江戸に物産を運ぶ流通業者が現れた。この流通業者が魚貝類を運ぶようになったとき、房総に漁村が誕生したのである。魚がいるから漁村が成立したのではなく、流通が漁村を生みだした。

林業でも同じことがいえる。日本の古い三大林業地といえば、奈良県の吉野、長野県の木曽、それに秋田のことだけれど、それらは吉野川、木曽川、米代川という木材を運べる川があることによって生まれた。流通の成立が林業地を発生させたのであって、山に木があるから林業地が生まれるわけではない。

それはすべての分野でいえるのではないかと思う。弥生時代になって農業がひろがったといっても、それが農村の成立を意味するわけではない。自分たちが食べる分を作るだけなら、それほどの量は必要にならない。流通が可能になることによって、自分たちが必要とする以上の作物を生産する意味が生じたとき、農業をなりわいとする人たちの村、つまり農村が生まれた。

ただし、初期の流通は、販売のためではなく租税だったのではないかと思われる。権力の成立が租税を生み、大量生産をうながした。といっても、たとえば租税としての米も、それがその先で流通しなければ、権力者にとっては意味がない。自分たちが食べるだけなら、権力者もそれほど多くの米はいらず、その米を流通させる方法があるから、大量の米を集めたくなる。

このように考えていくと、生産は流通から生まれ、その流通は消費から生まれたことがわかってくる。消費地の形成こそが、流通をうながし、生産地をつくりだした。そして、流通する産品の一部のものは海外貿易に供されるとしても、ほとんどのものは都市に運びこまれた。都市という消費地の成立が流通をつくり、生産地を形成させた。

このような歴史的経緯をふりかえったとき、正直に述べれば、私の気持ちは重くなる。私の希望としては、まず生産があり、産みだされたものが流通し、消費される関係であってほしい。つまり、主軸になっているものは生産であり、そのための労働であってほしいのだ。それなら、労働こそがこの世の中をつくっていることになる。ところが、歴史を振り返ってみると、都市の成立、消費地の発生、権力の誕生といったことが、生産の基礎を提供している。これでは、消費の側が主軸になってしまう。

この問題に対して、私は次のように考えている。確かに自家利用をこえた生産は、消費や流通の側からうながされた。だが、その結果として自分たちの社会を、流通社会、消費社会にしてしまうのではなく、作物をつくったり、物づくりをしたりする側にこそ出発点があるのだという社会的合意を定着させることによって、労働にこそ価値があると考える社会をつくってきたのがかつての人々だったのではないか、と。消費の側に主導権があるのを認めないことによって、生産や労働を尊重する社会をつくった。

いま崩れているのは、この社会的合意である。それは、都市という消費地があまりにも巨大になりすぎたための現実でもある。

信仰

上野村の山を歩いていると、ふいに大きな木に出会うことがある。森の中に一本だけ辺りをはらうような堂々とした木が残されていて、それが山を歩く者たちの足を止めさせる。何人もでかかえなければ幹を一周できないような大木で、上野村ではトチの木であることが多い。

それらはたいていは、山神様のために切らずに残された木である。森には、山神様が休む場所とされてきた木がある。見上げてみると、確かに山神様が休むのに都合がよいような枝ぶりの木になっていて、昔から山で仕事をする人はそういう木を切ることを嫌がってきた。

宗教でもなく、といって単なる倫理でもない。山の神の存在を感じながら、山で働く人や山村の人々が受け継いできた信仰、それが山神信仰である。この山神信仰が、山で働く人たちのなかにいまでも深く入りこみ、仕事の仕方にも影響を与えてきた。

ところで、信仰が人間の労働のあり方に影響を与えるというかたちは、いろいろなところで成立しているのではないかと、私は思っている。鍛冶屋は金山《かなやま》様信仰と結ばれて、自分たちの仕事の仕方を律してきたし、村ではその土地の神々への思いが、一人ひとりの仕事を律していることがよくある。江戸時代の武士たちの仕事観には、儒教的な信仰が影響を与えてきた。

ドイツの社会学者、マックス・ウェーバーは、プロテスタントの宗教・信仰観が「天職」という観念を生みだし、資本主義成立の土台になった、と述べている。宗教改革以降の信仰観が人々の労働観に影響を与え、それが経済社会の仕組みを変えた。とすると、ヨーロッパでも、信仰と労働の間には、ある種の関係が成立していることになる。

労働に影響を与えてきた「信仰」には、マックス・ウェーバーが考察したような、明確に宗教と結びつき、本人が自覚しているものも、山神信仰のような宗教形態をとらないものも、さらに第三に、本人が自覚していないものもある。この第三の「信仰」は、その時代の人々が無自覚のままで信じている精神とでもいうべきもので、私は、たとえば近代的イデオロギーもそのひとつなのではないかと思っている。

歴史は進歩、発達とともにあると考えるのも、近代的イデオロギーのひとつであろう。なぜなら、近代以前の人々は、春には田植えをし、秋には稲刈りをするように、繰り返され永遠に循環しつづける時空のなかに歴史をみていたのであり、けっして歴史は乗り越えていくものでも発達していくものでもなかったからである。人々は繰り返されながら深められていくもののなかに、価値をみいだしていた。

ところが近代に入ると、歴史は過去を乗り越えていく過程のなかにあると考えるようになる。本当に歴史がそういうものかが検証されたわけではない。人々がそう信じるようになったのである。そして、この「信仰」が労働にも影響を与えた。古くからの労働を時代遅れのものとみなす風潮が生まれ、歴史の進歩に貢献することが労働の使命だと考える人々が登場してくる。「新しい労働」とみなされたものが脚光を浴びるようになる。

科学や技術の進歩が歴史を発展させていくという近代が生んだイデオロギーも、近代人の「信仰」のひとつだろう。もちろん、科学や技術の進歩によって変わっていくものはある。だがそれを歴史の発展と信じたとき、それは「信仰」になり、労働のあり方にまで影響を与えていった。

こんなふうにみていくと、無自覚なものをふくめたある種の「信仰」が、さまざまなかたちで、私たちの労働の世界を規定しているのではないかという気がしてくる。戦後の私たちが、より多くのものを消費することによって豊かさや幸せを手に入れることができるという「信仰」を持っていたように、である。

問題は近代人の無自覚な「信仰」が、ことごとく経済発展にとって有利なものだったことである。だから、経済は発展しても、経済ではとらえられない価値は、次第に社会の片隅に追いやられていった。

労働と「信仰」の関係は、もっと目が向けられていい課題である。

居心地

〈今日の社会では、個人の差異化がすすんでいる〉。私たちはこんな批評を目にすることがある。一人ひとりが自分らしさや個性を大事にし、他人とは違う自分にこだわる、という意味である。このことが多品種少量生産を促し、新しい消費型の人間社会をつくっていったと論じたのは、現代フランスの哲学者、ボードリヤールであった。

だが私は、本当にそうなのだろうかと思っている。むしろ人々は、個人の差異化ではなく、自分が多数派ではない少数者のグループに属していることを確認したいのではないだろうか。たとえば稀少《きしょう》性の高い商品を購入する場合もそうだろう。それを身につけて得る感覚は、〈世界でたった一人の私になった〉ではなく、〈そういうものを身につけている少数者の一員になった〉という満足感である。

〈私は真実を知っている少数者の一員である〉という気持ちほど、自分を満足させるものはなかったりもする。だから、たとえば小さな宗教グループは強い結束力をつくりだす。〈自分は仕事のできる少数者の側にいる〉とか、〈自分は会社にとらわれない、自由な発想をする少数者のなかにいる〉という感覚は、その人の企業のなかでの精神的居心地をよくする。

ところで、多数派であることよりも少数派であるほうが精神的安定を得られるというこの感覚は、私には、昔からの人間の心情の変形したかたちなのではないか、という気がする。

かつて人間たちは、比較的小さなそれぞれの世界のなかで生きていた。農村共同体や職人グループ、各藩の武士団、…。その小さな世界のなかに、人々は自分の安心できる世界をみつけだした。その小さな世界には、自分の一生に必要なすべての要素が存在していた。たとえば農山村の共同体をみれば、そこには三つの性格が内在していた。人間の共同体、自然と人間の共同体、生と死の共同体という性格である。そして、この世界と結ばれることによって人々は、日々の生活や労働も、神事や仏事も、祭りや遊びも、生きることや死を受け入れることの意味も獲得することができた。共同体という小さな共有された時空のなかに、すべてのものがつまっていたのである。

だから「村に帰る」ことは、たとえ若い頃にいだいた希望を捨てることではあっても、単なる挫折ではなかった。すべてが解決するであろう世界に帰還することでもあったのである。職人グループや武士団も同じことであろう。彼らにとっても、その小さな世界のなかに人生のすべてがあった。

冒険とは、その安心できる世界を捨てて、荒海に乗りだすことであった。そして、その冒険に価値をみいだせなくなったとき、人々は元々の自分の世界に帰っていった。

ある意味では、高度成長期の社会では、多くの人々は多数派になることをめざしていた。誰もが小さな世界を捨て、多数派の一員になろうとした。ところがたちまち、この平準化された世界は居心地が悪い、と感じるようになった。こうして多くの人々が多数派の世界からの離脱を試みるようになる。帰るべき小さな世界を探すようになったのである。

だが今日では、本当の農村共同体も、かってのような職人グループも、ほとんど残っていない。帰るべき世界はなくなっていたのである。そのことが、今日的な少数者の世界を人々に探させる。ときに、稀少な商品を身につけている少数者の一員、という擬似的なものをもふくめて。そして、多数派に裏切られることは我慢できても、自分が信じていたい少数者の世界から裏切られたときは誰もが深く傷つくという現象を伴いながら。

私はこの基層にある心情が労働の世界でも、多数派からの離脱をめざす動きを生みだしていると思っている。サラリーマン的世界が安心感のある世界ではなくなったとき、さまざまな人々が、サラリーマンという多数派の世界からの離脱を考えはじめたのである。働くことと生き方とが一致できるような、納得できる小さな世界を探しながら、である。あるいは、そういうものを目指している現在の少数者の一員になろうとしている。

ここにもまた、現代の労働をめぐる動きを成立させている古層的な精神がある。

労働組合

近代の社会史をふり返ると、これまで人々はさまざまなものに、歴史を変革する力の醸成を期待してきたことに気づく。普通選挙の実施もそのひとつだった。一人ひとりの投票が社会を変える時代がはじまったと人々は考えた。教育水準の向上に可能性を感じていた人たちもいる。市民社会の成熟への期待もあった。自立した市民が社会を変えていくという希望は、社会思想史の大きな潮流でもあった。

だがいまでは、そのいずれもが以前のような輝きをみせていない。社会全体をみれば、選挙への情熱は低下しつづけている。高学歴化はすすんでも、歴史や社会に対する関心はむしろ薄くなっている。市民社会の歴史は、個人の孤立や不安を高め、消費社会を爛熟《らんじゅく》させながら、自分の世界に閉じこもる人々を増やす傾向を強めた。近代史が生みだした「期待の要素」は、次第に色あせ、ときに失望へと変わっていった。

残念なことに、労働組合もまた同じような道をたどっているように思う。

ヨーロッパで資本主義的な生産システムが生まれたとき、この生産システムの下で働く労働者たちは、労働組合の結成をめざした。暴力的な弾圧をも受けながら、労働者たちは長い闘争をへて社会に労働組合を承認させていったのである。その登場は、社会変革の大きな力が生まれたととらえられた。だからある人々は大きな期待を寄せ、またある人々はこの動きを危険視した。近代的な労働の歴史は、労働組合をめぐる歴史でもあった。

だが、今日ではどうなっているのか。先進国では労働組合の組織率が、働く者を代表する組織とはいえないほどに低下している。フランスでも組織率は10%に近い数字になった。それでもフランスにいれば、しばしばストライキやデモ行進のニュースが流れるから労働組合の活動は知られているが、日本では、労働組合がどんな活動をしているのか知らないうちに一年が過ぎてしまうこともある。かつて、働く人たちのよりどころであり社会変革の大きな勢力であった労働組合は、終焉《しゅうえん》の方向にむかっているとさえ言いたくなる状況が現実には存在している。

一体何が、そういう方向性をつくりだしてしまったのだろうか。社会変化、組合組織の形態、運動方針など、さまざまな原因がその背後にはあるだろう。だがここでは、そういった具体的な原因はひとまずおき、思想の領域でこの問題を考えてみようと思う。

労働組合がたえずいだいていた自負は、自分たちこそが社会的正義を体現していて、自分たちは社会の進歩を推進していく勢力だ、ということであった。この自負は、いわゆる「左派」

にも「右派」にも共通していた。左派と右派の違いは、社会的正義や進歩の内容のとらえ方の違いや、その実現の仕方の違いにあったのであり、運動の軸に社会的正義と進歩がおかれていたことに変わりはない。ところが今日では、この二つのこと自体が動揺にさらされている。

近代社会が形成されていく過程では、近代化それ自体が社会的正義としてとらえられていた。近代ヨーロッパが生みだした市民社会のかたちや近代的な政治体制を世界化していくことが、正義だったのである。しかし、今日の私たちは、少し違う考え方を持っている。むしろ、それぞれの地域の自然や歴史、文化に適した社会のあり方を模索している。そこに持続可能な社会のかたちをみつけようとしているのである。

さらには、正義という観念もゆらいでいる。たとえばアメリカ的正義がベトナムやイスラムの人々にとっては不正でしかないことを、私たちは戦後史のなかで教えられた。同じように、進歩という観念も全く動揺している。かつては近代化の実現こそが進歩であったけれど、いまでは近代化によって発生した問題点のほうが目についている。

すなわち今日では、労働組合の軸におかれていた思想自体が動揺にさらされているのである。だから、新しい基軸になる思想をつくりださないかぎり、労働組合が社会変革の大きな勢力として再生されることはないだろう。そして、労働組合と同じような矛盾のなかに、私たちの労働の世界も置かれている。なぜなら、どのような思想で自分たちの労働を考えたらよいかは、現代の私たち自身の課題でもあるのだから。

第九章　基層的精神と仕事

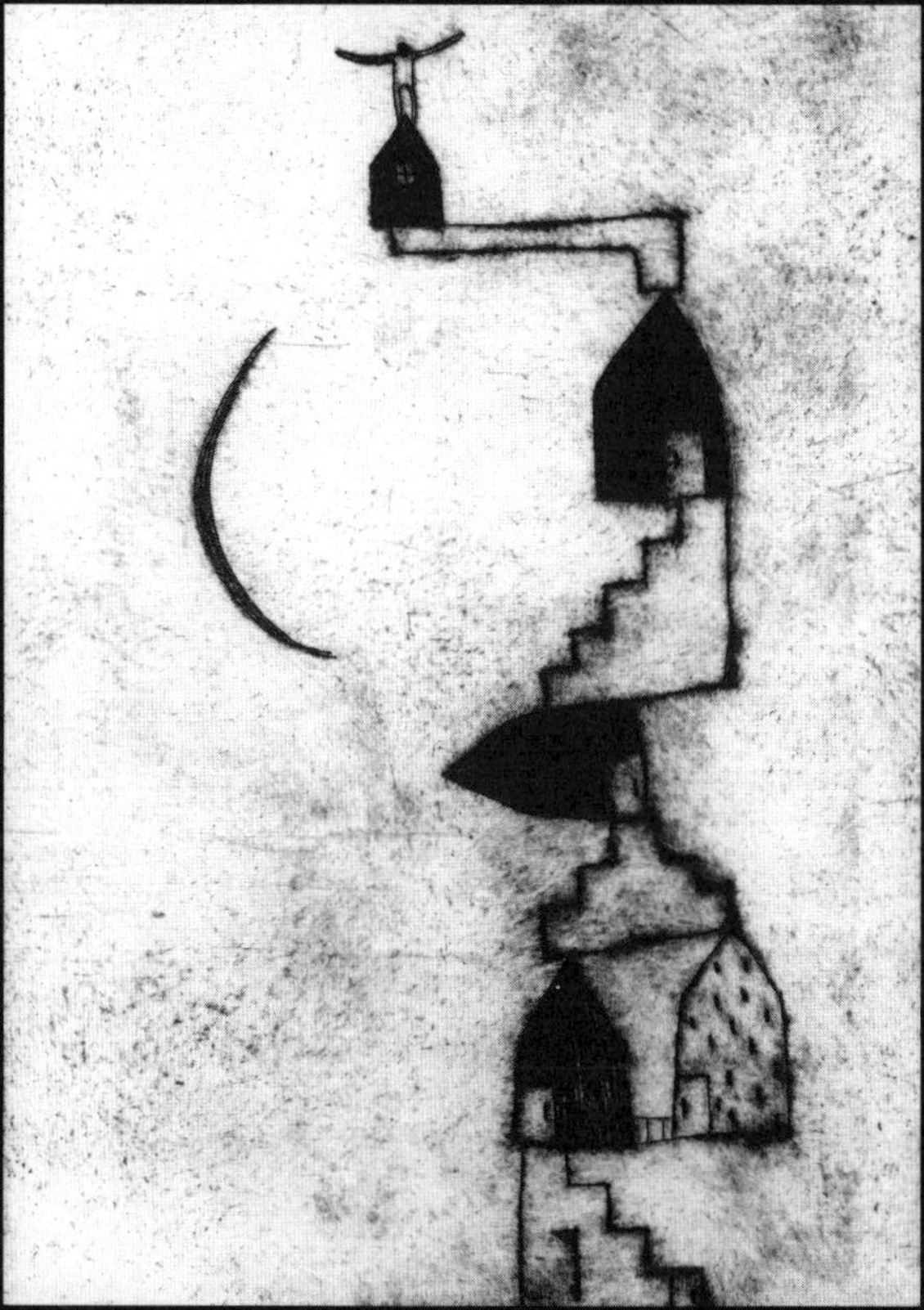

基層的精神

私が暮らす群馬県上野村では昔から、「仕事」と「稼ぎ」は違うものだと考えられてきた。村に暮らす人間がおこなわなければならない営みを、村人は「仕事」と呼んできた。それに対して「稼ぎ」とは、村の営みとしてはしなくてもよいのだけれど、生活のために、つまり稼ぐためにおこなう労働をさしている。「さて仕事に行くか」と、「これから稼ぎに行く」といった感じで、村ではこの二つの言葉が日常のなかで使い分けられてきた。

村人がいう「仕事」には、いろいろなものがある。畑仕事、山仕事。それらは自然や土とともに生きてきた村人にとっては、当然しなければいけないものと考えられてきた営みである。村では「おてんま」と呼ばれる、共同で道や水路を直したり、草刈りをする労働も仕事のひとつを構成する。寄り合いに出て地域の方針を議論することも、病気や何らかの事情で困っている人を助けにいくことも仕事である。つまり、自然や村の共同体と一体になって村の永遠性を支えていくすべての行いが、上野村では「仕事」にふくまれる。

ところで、村人が「仕事」と「稼ぎ」を使い分けるようになったのは、次のような理由からではないかと私は推測している。上野村は水田を持たない村である。ほとんど平坦地がなく、山に挟まれて日照時間も短いから稲作には適していなかった。といって、畑作で穀物を自給していたのかといえば、そうでもなかった。もちろん、焼畑などで穀物を生産してはいたが、村の農業の基本は昔から商品作物の方にあった。江戸時代は養蚕と生糸、機織《はたおり》、和紙などが中心で、私がこの村をはじめて訪れた三十五年ほど前は、蒟蒻《こんにやく》畑が多かったと記憶している。

平場の農村と同じことをしていたのでは、耕作条件が悪い分だけ苦しくなる、というのが上野村の伝統的な考え方だった。だから村人は、主食の生産はほどほどにして、むしろ高く売れるものに力を注ぎながら、不足する食料を購入する道を選んだ。上野村から峠を越えると信州の佐久に出るが、その峠には十石峠という名がついている。一日に十石の米が信州から村に運ばれた峠、という意味である。

上野村は、かなり古くから「稼ぎ」の村だったのである。村ではいまでも、自然や土とともに生きるという姿勢でおこなう農業を「畑仕事」、収入を得ることを目的にして経営感覚に主導されながらおこなう農業を「畑稼ぎ」という。

同じように、経営感覚を持っておこなわれる林業は「山稼ぎ」であり、炭焼きも、収入を目的にすれば「山稼ぎ」のひとつになる。

このように、「稼ぎ」が軸にならざるをえない村であったことが、逆に村人たちに、「仕事」を大事にしようという気風を生みださせたのであろう。「稼ぎ」は一軒一軒、一人ひとりのもの、つまり個人主義的なものである。しかも「稼ぎ」を効率よく実現させようとすれば、自然に敵対する行為も生じかねない。共同的な精神が失われれば、共同体が分解してしまう。おそらく、このような現実を経験していくうちに、生活を守るためには「稼ぎ」も大事だが「仕事」はもっと大事だという気風をつくりだしたのだろうと思う。

村という永遠の世界と結ばれているのが「仕事」であり、そのときどきによって変わっていくのが「稼ぎ」である。

ところで、このような労働に対する考え方は、農山村では多くの地域にあったらしい。かつては村を守ることに村人にとっての最大の価値があったのだから、言葉づかいは違っていても「仕事」と「稼ぎ」は同じ労働だとは考えられていなかったのである。

とすると、今日の一般的な労働の世界では、「仕事」と「稼ぎ」の違いが不明確になった理由もよくわかる。「仕事」を成立させていた、永遠の世界と結ばれていた人間の営みが私たちの目にみえなくなった。永遠の世界自体が感じられないものになったことが、その背景にはある。市場経済とはたえず新しさを競う経済、その意味では永遠性を喪失した経済である。

今日の私たちは、市場経済の論理だけに支配されて働くことに矛盾を感じはじめている。その感覚が、日本の人々が持っていた基層的な労働観をいま、新鮮なものに変えた。

役割

立秋の便りが届いたというのに、上野村の私の家ではまだ夏の仕事が山積みになっている。畑仕事、夏の山の手入れ、草刈り、木の剪定《せんてい》、こういう状態がつづくと、村の人間としては、よくないことをしているような気分になってくる。

といっても、それらはいずれも経済の合理性からみれば、しなくてもよい仕事ばかりである。自分で畑をつくるよりは作物をもらったり買ったりしたほうが効率的だし、山の手入れをしなければ困る経済的な理由が私にあるわけでもない。私の仕事の遅れが環境や社会に負担を与えていることもないだろう。それなのに、村の人間としては、そう簡単にひらきなおってしまう気分にはなれないのである。

私たちがなにげなく使っている「仕事」という言葉には、異なった二つの意味合いがあるのだと思う。ひとつは自分の役割をこなすということであり、もうひとつは自分の目的を実現するための働きである。たとえば、「それは私の仕事です」というときの「仕事」は、自分の役割をさしている。それに対して、「自分の能力を活《い》かせる仕事」といったときの「仕事」は、自分の目的をかなえられる労働を意味している。

私にはこの違いは、日本の伝統的な仕事観と、近代以降の仕事観との相違からきているという気がする。伝統的な日本の仕事観は、自分の役割をこなすことのなかにあったのではないか、と。だから、夏の村の仕事が山積みになっているとき、私は伝統的な仕事観にもとづいて、村の人間としての役割がこなせていないという罪悪感をいだく。ところが、自分の目的を実現するという近代以降の仕事観にたてば、村の夏の仕事が遅れているからといって恥じることはなくなる。私の畑仕事など趣味でしかないということになるだろう。

かつて日本の人々は、すべてのことのなかに「おのずから」の働きがあると考えていた。たとえば、春が来て、夏が来て、秋が来るのも「おのずから」である。春には山の木々が芽吹き、秋には紅葉するのも、幼木が大木になり、いずれ枯れていくのも「おのずから」である。それと同じように、村人は畑を耕し、山の恵みを受け、共同体とともに暮らすなかに「おのずから」を感じとっていた。「おのずから」展開していく世界が守られているのが無事であり、それが守れない状態が発生することに、不安や異常、禍《わざわい》を感じていた。そして、「おのずから」展開していく世界を守ろうとすると、そこに、それぞれの人の役割が生まれる。「おのずから」が損なわれていない村を維持しようとすれば、田畑や祭りや共同体や村の自然を守っていかなければならないし、そのための一人ひとりの役割も生じるのである。

「仕事」は、この役割をこなすことと結ばれていた。役割をこなすのは「みずから」である。ただし「みずから」は、人間の一方的な意志によるものではなく、「おのずから」展開する世界での自分の役割をはたす、という意味で「みずから」であった。だから「おのずから」と「みずから」は、漢字で「自（か）ら」と書いてあってカナがふってなければ、どちらで読んだらよいのかわからない。

このことは、竹内整一の『「おのずから」と「みずから」』（春秋社）に詳しいが、かつての日本の人々は、「おのずから」を感じ取りながら「みずから」生きることを理想としていた。「おのずから」の世界を捨てることは、ヤクザな生き方を意味したのである。

このような視点からみれば、今日の私たちの仕事の多くは、「おのずから」を感じとれない仕事になってしまった。そこにあるのは「みずから」だけである。ここに、自分のために働く時代が展開する。現在の私たちが自分の役割を感じるときがあるとすれば、それは家族のなかでの役割や企業のなかでの役割といったものだろう。だがその企業が、自然や社会のなかで「おのずから」の意義を持っているのかと問われれば、あやしい。企業もまた、組織体として「みずから」の目的を実現しようとしているだけである。

「おのずから」の世界が無事であるためには、自分は何をしなければならないのかを考えながら、「みずから」働く。この仕事観を失うことは、はたして私たちを幸せにしたのだろうか。

日本的経営

明治になって日本に近代工業が導入されたとき、もっとも苦労したのは働き手の確保であった。近代的な労働者が、当時の日本には存在していなかったのである。

伝統的な職人は、自分の技を深めながら、いつかは親方として独立することを夢みて働く。だから、賃金をもらい雇用されるだけの労働に彼らは魅力を感じなかった。

村の共同体とともに暮らしていた人々も、別の理由から、近代的工業のもとで働こうとはしなかった。彼らにとっての労働は、共同体という自分たちの暮らす世界と一体になっていた。前記したように、伝統的な共同体は、人間の共同体、自然と人間の共同体、生と死を包んだ共同体という三つの要素からできている。つまり、人間の生涯にとって必要なすべての要素がここにはあり、そのなかで自分の役割をこなしていくことが労働の意味だったのである。お金と引き換えに働くだけの労働は大事なものの喪失としか映らなかった。

このような理由から、明治の近代工業は、職人からも共同体の人々からも、働くことを拒否されてしまったのである。その結果、都市のなかでその日暮らしをしている人々を、近代工業は労働力として集める他《ほか》なかった。経済学者の隅谷三喜男は、「雑階級」論を論じたことがある。明治初期の近代工業の労働者たちが、農村共同体から出てきた人々ではなく、都市の日雇い層としての「雑階級」から供給された、という研究である。つねに拡大しつづけていた江戸の町には、土木工事や荷運びなどに従事する日雇い層の人々が生まれていた。もちろん彼らも、はじめは職人を目指したり、金を貯《た》めて郷里の村に帰ることを目標にしていたのだが、いつの間にかその日暮らしをするようになっていたのである。

ところが、この層の人々に労働力を依存したために、明治初期の近代工業は、労働者が定着しないという悩みをかかえることになる。その日暮らしの気楽さを知っている人には、長期雇用はむかなかったのである。

官営富岡製糸では、初期には武家の子女を雇うというようなこともおこなわれたけれど、いわゆる製糸女工を集めることにも、経営側はかなり苦労していた。昭和恐慌のときなどには買い手市場になったが、普段は女工が集まらない。その結果、工場の中に学問所やお茶、生花《いけばな》、和裁などを教える場所を設け、働くことの魅力づくりに経営側は努力しなければならなかった。

近代工業の労働力をどこから確保したらよいのか。この難問を解決するには、当時の圧倒的多くの人々が暮らす農村から近代的労働者が生まれてくる仕組みをつくるしかなかったのである。その方法としては二つのことが必要である。ひとつは農村共同体を分解、解体してしまうこと、もうひとつは企業のなかに、擬似的に共同体的な仕組みをつくりあげることである。日本では、本格的に農村共同体が分解するのは、戦後のことといってもよい。そのことによって、高度成長期から現在にいたる企業の労働力が確保されてきた。

もうひとつの、企業のなかに擬似共同体をつくることは、どのようにしておこなわれてきたのであろうか。これも、全企業的にそういう仕組みがつくられたのは、戦後のことだったといってもよい。終身雇用制、年功序列型賃金、企業内福利制度などによって生活保障システムをつくり、また企業のなかで仕事を教え、人間関係を密にすることによって、擬似共同体的性格を持った日本的企業が生みだされていった。

すでに明治中期以降に大企業の一部にはこのようなかたちが創出されている。しかし全企業的にみると、物づくりの部分を独立した職人労働者に依存していたのが大多数の戦前期の近代工業であり、日本的経営といわれるものが一般化するのは戦後のことである。

このようにみていくと、明治以降の工業史は、伝統的な労働に対する考え方と近代工業との間に発生した矛盾を、経営側が「解決」していく歴史だったことがわかる。そのことによって、今日の日本の工業力が生まれた。そしていまでは、労働力が農村からではなく、都市の子弟から確保される時代を迎えたがゆえに、企業はつくりあげた擬似共同体的性格を捨てはじめた。日本的経営システムの解体という今日起こっていることの意味は、このことのなかにある。

循環

私が暮らす上野村の豆腐屋は、村人にとってなくてはならない職人である。今日では、村の外からも豆腐は入ってくるから困ることはなさそうだけれど、豆腐田楽《でんがく》などを作ろうとすると、この豆腐屋のかたい豆腐がないとうまくいかない。村の人たちはこの職人が作った豆腐を食べなれていて、これがないと日々の食生活が味気ないものになってしまうのである。

村の雑貨屋さんも、村人にとって大事な仕事をしている。店を利用する人たちが必要とするものを考え、仕入れておくのが雑貨屋の仕事である。狭い店なのにこの店には、日々の生活のなかで必要なものが驚くほど十分に仕入れられている。

村の大工さんも、村人にとってはなくてはならない人である。村には古い家が多いから、しばしば修理が必要になる。そんなときでも村の大工さんは、昔の村の家の構造をよく知っていて、村人の予算に応じて直してくれる。「村の大工という看板を背負っているから、変な仕事はできない」と彼らは言う。村人の期待を裏切らない大工でなければならないのである。

村では、一人ひとりがかけがえのない仕事人である。必要だというばかりでなく、村の風土を守る一員として、彼らは日々の営みをつづけている。その仕事が風土を支え、その風土が彼らの仕事を支える循環的な関係が村には存在している。このあり方は、村の畑を耕す労働のなかにも成立していて、誰もが畑を耕すから村の無事が感じられ、村の無事があるから、村人はこの村に暮らす人間の役割として、畑を耕そうという気持ちになる。

私が暮らすもうひとつの世界である東京では、この関係がほとんどみえない。町の商店も、近くにあれば便利だということはあっても、なくてはならないというものでもない。一人ひとりの仕事が地域を支え、地域が一人ひとりの仕事を支えているという関係が、東京の町ではほとんどみえないのである。

ところが、そんな東京のなかにも、お互いにかけがえのなさを確認し合える小さな世界が生まれていることがある。それは商店や喫茶店、飲食店と客の関係であったりするのだけれど、そこに単なる商売の関係をこえた人間関係がつくられてくると、その小さな関係の世界のなかでは、かけがえのない仕事をしている人がいると感じられてくるものである。

人間の労働にどれほどの意味や価値があるのかと問われれば、私は答えようがない。一般論としては、一人ひとりの労働は何かの役に立っているのかもしれないし、別の視点からみれば、社会に対してマイナスの働きをしているのかもしれない。それは、携帯電話をつくりだした人々の労働が、ある面では人々の役に立ち、別の面では、人間同士のコミュニケーションにマイナスの影響を与えているのと同じである。つまり、一般論のうえでは、人間労働に意味や価値があるかは、私には答えようがない。

ところが、上野村の世界には間違いなく村にとって価値のある労働があり、東京のなかの関係し合う小さな世界のなかにも、かけがえのない、その意味で価値ある労働が生まれる。それらの労働を包みこんでいる関係し合う世界が、労働の価値をつくりだしているのである。労働は、何かに保護されることによって価値を創出するのだと思う。その「何か」が、相互に関係し合う世界であろう。村という相互に関係し合う世界に保護されているとき、村人の日々の労働はかけがえのない価値ある労働になり、東京のなかでも、商売をこえた関係の世界に保護されているとき、その小さな世界のなかで価値ある労働が生まれる。逆にこの保護するものを失って裸の労働になったとき、労働の価値は、自然に感じとれるものではなくなる。

今日の労働が、いわゆる「勝ち組」と「負け組」に分かれていくのは、私たちの労働が裸の労働になっているからではないかと思う。なぜなら裸の労働の世界では、利益や「出世」といったこと以外には、成果がみえてこないからである。

それに対して、相互に関係し合う世界に保護されている労働には「勝ち」も「負け」もない。とすると、今日の労働の問題点は、私たちの労働が「保護」帯を失っていることのなかにあると、私には感じられる。

大地

国木田独歩の『武蔵野』は、私の好きな小説のひとつである。この作品からは、雑木林と畑が織りなす、かつての東京郊外の雰囲気がよく伝わってくる。本当は白樺《しらかば》の茂るロシアの大地を描きたかったのだろう。ロシア自然主義文学は、彼にとっての憧《あこが》れだった。といっても、ロシアまで足を延ばせる時代でもなかったから、「仕方なく」東京郊外の大地を題材にとった。

そんな経緯があるのに、『武蔵野』はロシア文学のコピーには終わっていなかった。独歩の手で書かれたとき武蔵野の大地は、ロシアの自然主義文学と同じように自然と人間が結ばれた里として描かれていたばかりでなく、そこに展開する「自然《じねん》の世界」を読者に垣間見させる作品になっていた。自然《じねん》とは日本の伝統的な自然・人間観であり、自然と人間を分けることはできず、すべてのもののなかに、「おのずから」の働きがあることをみいだす思想である。

とすると、独歩はロシアの文学に憧れながら、日本的な文学を書いたことになる。何がそのような変化をもたらしたのか。

　この問いに対して私たちが用意できる答えは、風土、歴史、記憶といった言葉である。そんなふうにしか表現できないものが、独歩の精神や身体の奥にもあって、そのフィルターを通したとき、日本的な雑木林と畑と人の営みの世界がみえた。

　私が上野村にいるとき、たまに訪れる一軒の家がある。その家は上野村ではめずらしい専業農家をしていて、四世代同居の大家族で暮らしている。いまこの家の農業の中心を担っている徳久さんは、若い頃農業研修に行って、畑の草取りについて次のように教わったという。畑の草は、抜くとまた次の草がはえてくる。ところが、次にはえてくるのは種類の違う草で、抜くと次の草が待ってましたとばかりに成長をはじめる。徳久さんは研修で、草の世界にも草たちのルールがあって、元の草がある間は次の草が成長を遠慮していると習った。だから草を抜くときは、そのときの大将格の草は点々と残して、子分格の草から抜いたほうがよい。そうすれば次に成長するつもりの草は遠慮をつづけ、すぐには伸びてこない。

　この除草法を私は試したことがないので、本当かどうかはわからない。しかし、面白い発想だとは思う。草を単なる畑の敵としてみるのではなく、草もまた自分たちの世界をつくりながら生きていて、それをみながら畑作りをする姿勢。そこに農業があるのだということを、この発想は教えている。そして、ここにも伝統的な日本の人々の考え方がみえている。人間は、自分の目的を阻害するものと敵として対立せざるをえないときがある。しかし、その「敵」もまた自分たちの世界をつくりながら、私たちと同じように生きている。そのことを知りながら、人々は技をつくりだしてきた。日本の人々にとって技とは、単なる自分の目的を実現するための手段ではなく、他者の世界を活《い》かしながら自分の目的をも実現させる方法であった。

だから、農民たちは自然の世界を活かしながら、作物をつくろうとした。昔の村の鍛冶屋は、村の自然やそれを使う人々が活かせるように、農具や刃物をつくった。他者の世界があってこそ自分の世界もあるという考え方が、労働の技のなかには内包されていた。

そして、このような発想が、自分の労働に納得できる何かがあることを感じさせた。いつの時代でも、労働には厳しい面もあるし、逃げ出したくなることさえあるだろう。だが、それでもそれをつづけることができたのは、もう一面で、自分の労働に納得できる何かがあることを感じとっていたからである。その納得できる何かを提供していたのが「他者」であった。草を取りながら、自然とともに生きていることを教えてくれた「自然」という他者。刃物を打ちながら、自分は村とともに生きていると感じさせてくれた「村」という他者。

国木田独歩は、そんな人々が生きる大地として『武蔵野』を描いた。それは今日の私たちが忘れかけている世界でもあり、心の基層にいまなお残している世界でもある。

はっきりしてるのは、他者の世界と自分の世界との深い結びつきがわからなくなったとき、労働は自分の目的だけを実現するものになり、それがうまくいかないと苛立《いら》ちを生むものに変わった、ということである。

劣化

二〇〇五年の夏に東京でおこなわれた国際シンポジウムで、アメリカのある学者から、「先進国はいま、社会が急激に劣化していく事態に直面している」という提起があった。

イラク戦争がはじまったとき、戦争を批判した人は、アメリカでは「自由の敵」として糾弾された。自由とは何かを考えることが全くないままに。

人々は過去のことも、未来のことも考える思考力を失ってしまった。そのとき、そのときの耳ざわりのいい言葉にとびつくだけになった。世界には、自分の他《ほか》に無限ともいえる他者がいることにさえ気づかない。自分の論理だけが絶対になり、その論理も、自分に快感を与えてくれる言葉にすぎなくなった。消費だけが自己主張の場になり、誰もがこの構造のなかに埋没している。このような「社会の劣化」が、程度の差こそあれ先進国では進行している、という内容の報告である。

「しかし、そのなかで日本は」と彼はつづけた。「日本には劣化した社会を再生させる可能性がある」。その理由としてあげられたのは次のようなものだった。日本の人々には、伝統的に、協同の支えがあってこそ個人もまた生き生きと暮らしていけるという精神がある。だから他者のことを考える。阪神大震災のときをはじめとするさまざまなボランティアの広がりは、そのことを証明している。日本社会の可能性はこのことのなかにこそある、と。

私も、今日の日本の社会もまた劣化してきているのだと思う。しかし、それがすべてでもない。ボランタリーな活動も広がっている。労働が勝ち組と負け組で色分けされる世界へと劣化していくなかで、働く意味を問い直そうとする動きもいたるところではじまっている。地域、社会、自然、他者などを視野に収めながら、自分の労働のあり方を模索している人々はいっぱいいる。私が代表をしているNPO法人でも、職員を一人募集すると、百人もの若者が応募してくる。賃金などは、申し訳ないほどに低いにもかかわらず、である。

実際には現在の日本の社会では、さまざまな社会分裂が起こっているのだと思う。「総中流化」の時代が終わり、新たな階層分裂が発生しているのもそのひとつである。だがそれだけがすべてではない。たえず自然や環境に注意を払う人と払わない人との分裂。経済的な勝ち組をめざす人と、そういう生き方に嫌悪感を持っている人との分裂。充足感なき繁忙に飽きを感じながら「スローライフ」といった考え方に関心をいだく人々と、そんなことには関心のない人々との分裂。この分裂はあらゆるところで発生していて、いまでは消費に対する考え方も、教育に対する考え方も、社会的な分裂が定着しつつあるような気がする。長い時間テレビをみる人と、ほとんどみない人との分裂さえ今日では固定化されつつある。

人々が二つの社会グループに分裂していく、というような単純なかたちではなく、分野ごとに社会分裂がおこっている。それが現在の日本であり、その分野ごとに「劣化していく社会」と「再生の可能性をみせる社会」とが同居しているのである。その結果、一人ひとりの人間もまた、ある分野では「劣化してく社会」のなかに埋没し、またある分野では「再生の可能性をみせる社会」に加わっているという分裂が起こる。

こうして現在の私たちの社会には、ある種のとらえどころのなさが広がった。何かが生まれつつあるのに、その内容は拡散している。その脇から、「劣化していく社会」の音がきこえる。

そんな過程をへて、おそらく私たちの社会は、歴史をみつめながら生きようとする人々と、現実のなかだけで生きる人々とに分極化していくのではないかという気がする。過去に学びながら未来を考える人々と、現実しかみない人々とに。

それは労働にもあてはまるだろう。自分の技や判断力を誇りにして人々が暮らしていた過去から何を学ぶか。地域社会と労働が結びつき、働くことと暮らすこととが分離していなかった過去。自然と人間が助け合うように人々が働いていた過去。

もちろん、私たちは過去に戻ることはできない。しかし過去から学ぶことを忘れたら、私たちは、未来への想像力も失う。

火振り漁

労働についての諸外国との意識比較をみると、日本の人々の多くは、他の国の人々より自分の仕事に熱心なようである。確かに、私たちのまわりの人々も、時間がきたからといって、仕事を中途でやめたりはしない。なぜそういう気質があるのだろうか。それは、仕事とともに展開する「自分の世界」のなかに、大事にしたい何かを感じているからではないだろうか。

十年ほど前、四万十《しまんと》川の流れる四国の村で、「火振り漁」につきあわさせてもらったことがあった。四万十川には、いまでも専業、兼業の川漁師たちがいる。昔からのめずらしい漁法も残されていて、火振り漁も夏の鮎《あゆ》漁としてつづいてきた伝統漁法のひとつである。

夕方に、山の集落の人たちが出てきて、川の一画に自分のサシ網を張る。その日の川の様子をみながら、どこに網を張るのかが最初の腕のみせどころである。夜暗くなるのを待って、人々はいっせいに自分の川舟に乗り、松明《たいまつ》を振りながら、鮎を自分の張った網に追い込んでいく。

真っ暗な川面に、松明の炎と火花だけが駆けめぐる勇壮な漁である。朝陽《あさひ》が昇る頃、人々は自分の網を川舟に引き上げる。その網に鮎がかかっている。火振り漁は、サシ網漁でもあり、松明を使った追い込み漁でもある。

それは、一面では労働であった。私はこの地域の漁協の組合長さんの舟に乗せてもらったのだけれど、網には百匹を超える鮎がかかっていて、その大半は「四万十の鮎」として出荷される。漁師さんたちは、自分のプライドをかけて技を競う。網を張る場所、張り方、川舟のあやつり方、松明の使い方、そういうもの一つひとつに、経験にもとづいた技がある。そして、そういうこともふくめて、この労働のなかには遊びの要素もふくまれている。労働と遊びとが分離していなくて、徹夜で働いたような、徹夜で遊んだような感じである。

もうひとつ面白いのは、この漁が持っている個人と共同との関係である。いっせいに舟を出して共同でおこなわなければ、この漁は満足な成果をあげることができない。みんなで横一線になって追い込むから、鮎は網に導かれる。ところが、にもかかわらず漁は一人ひとりのもので、村人は自分の網を張り、共同であることを逸脱しないようにしながらも、自分の網に鮎を追い込んでいく。とれた鮎を一カ所に集めて、再分配するというようなこともしない。

この個人と共同との関係は、伝統的な村のあり方そのものでもあった。村の労働は、基本的には一人ひとりのものである。村人は自分の田畑を耕し、それぞれが自分の仕事をしている。ところがその背景には、つねに共同の世界が存在する。共同の水管理、共同の道普請《みちぶしん》、共有林の共同管理、さまざまな助け合い。そういう共同的な世界を背景に持っているからこそ、一人ひとりの仕事も成り立つのが、村の労働のかたちである。

私たちの記憶の底には、このような伝統的な労働のあり方が残されているような気がする。だから労働は、単なる生活や物づくりの手段ではなく、自分の生きる世界そのものと重なっていた。遊びと分離できない労働、楽しみと分けられない労働があり、個人と共同とが微妙なバランスを保つ労働の世界があった。労働は自分だけでは成り立たない。といって、他人のために働いているのでもない。日本の人々は自分の労働のなかに、人間の根元的なあり方が示されていると感じた。

そういうことが、仕事熱心な日本の人々という一面をつくりだしたのではないかと私は思っている。人々は労働のなかに、大事な世界を、自分の戻っていく世界があることを感じていたのである。そして、この労働の世界に照らして、ものごとを考えた。

現在こわれつつあるのは、この労働の世界であろう。労働のなかの楽しさは少なくなり、働くことは目的を達成するための手段へと変わってきた。個人と共同の関係も調和を失いつつある。仕事の世界は自分の戻りたい原点の世界ではなくなってきた。

それは私たちの思考力や想像力にも変化を与えた。労働のなかにみえていた世界に戻ってものごとを考えていた人々が、その世界を失ったのである。そこに、漂流する思考の時代が生まれ、流されていく社会が発生した。

金山様

十年近く前の一九九〇年代のことだけれど、信州・佐久の鍛冶屋さんの仕事場で、金山様《かなやまさま》という神様の描かれた掛軸をみせていただいたことがある。昔なら、部外者がみせてもらうのは適《かな》わなかっただろう。金山様は鉱山や鍛冶屋の世界で厚く信仰されてきた神様である。

かつての日本の社会には、仕事と結びついて信仰されてきたさまざまな神様がいた。稲作は田の神、水の神と結ばれていたし、私の村には養蚕の神様も残っている。山村に行けばいまでも山の神は大事な神様で、山で仕事をする者は毎年山神祭を欠かさない。このような神様信仰を宗教とみなすのは誤りで、はっきりした教義があるわけでもないし、布教の必要性もない。その世界にたずさわる人々の手で守られてきた信仰である。ヨーロッパでも、かつて石工《いしく》たちは自分たちの神様を持っていて、このような信仰のかたちは日本だけのものではなかった。

現代風に解釈すれば、昔の仕事が信仰と結ばれていたのは、人々のおこなっていた仕事が自然の影響や災害などを受けやすかった、ということになるのかもしれない。人間の力ではどうにもならないものに左右されることがあった。だから、神様に祈った。

もちろんそういう一面もあっただろうが、それだけが仕事の神々を生みだしたのではないと思う。

私たちはいまでも、「仕事をする」という言葉だけではなく、「仕事をさせてもらう」という表現を用いることがある。今日ではこの「させてもらう」は、雇用されるとか、仕事を発注してもらうというような意味で使われるが、伝統的には、自分の側からの働きかけと、自分の外から働きかけられることとの重なり合うなかに、仕事は成立するという仕事観から生まれた表現であろう。

たとえば農業は、自然の働きかけのなかでみずからが働くことによって成り立つ。陶磁器も、炎の働きかけとみずからの働きとのなかから生まれる。

仕事の「技」もまた同じようなものとしてとらえられていた。農業の技は、自然の働きかけから学ぶことによって深められた。大工は、木からの働きかけを読み、みずからの技を向上させた。技は、自分の力だけでつくりだすものではなく、自分の外からの働きかけと結ばれて生まれるものと、とらえられていたのである。

ときには一心不乱になることが、すぐれた作品を生むこともあった。それは、働きかけられるままに仕事をする、ということである。室町時代に書かれた『風姿花伝』は世阿弥《ぜあみ》の残した能の芸術論であるが、この本のなかでは、なすがままに神になり、老婆になり、鬼神となって舞うことが大事と書かれている。なすがままに舞うとは、働きかけられるままに舞うと言い換えてもよい。そしてそれは、すぐれた仕事に通じる感覚でもあった。

そのようなとらえ方が、仕事と信仰の結びつきを生んだのだと私は思う。働きかけているものへの祈りが、よい仕事をするためには必要だったのである。その働きかけているもののなかに自然があるから、人々はしばしば自然に祈り、そのことが自然という神をみいださせた。

こんなふうに考えていくと、仕事から神や祈りが消えた現代の労働は何を失ったのだろうかという気持ちになってくる。仕事は人間の側の働きだけになって、働きかけられている世界がみえなくなった。自然は働きかける主体ではなくなり、単なる資源や改造の対象になった。それがどれほど自然と人間の関係を変えたことだろうか。

おそらく、それだけではないだろう。働きかけられながら働くことを忘れたとき、仕事のなかから他者がみえなくなった。あるいは、他者は、消費者、納入先、発注者というように、自分の側から設定した他者にすぎなくなった。

私にはこのような変化が、今日の市場経済の基層にはあるような気がする。労働が自分の働きだけになったからこそ、市場での勝者になることが目的になり、仕事とは自己実現であるというような品のない言葉が、大手を振って通用する時代が生まれたのではなかったか。

私たちの時代は、根本的な何かが間違っている。

断片化

いつの頃からか私の頭のなかには、普通のカレンダーの暦と二十四節気《せっき》の暦とが、二重に存在するようになった。それは、上野村で農業をするようになってからのことで、農事暦や村の暮らしの暦としては、二十四節気のほうが的を射ているのである。

たとえば二十四節気では、今年（二〇〇五年）は三月五日が「啓蟄《けいちつ》」。虫が冬眠からさめる日である。上野村では、ちょうど咲きはじめたフキノトウの花に蜂がやってくる頃で、私も近づいてきた春を感じながら、そろそろ春の農作業のことを考えはじめる。そして三月二十日は春分。私が土を耕しはじめる季節の到来である。今年は十月八日が寒露《かんろ》、二十三日が霜降《しもふり》である。この頃私は、秋野菜の成長を見守りながら冬の備えを積み重ねる。こんなふうに、村で自然とともに暮らしていると、二十四節気のほうがなじむ。

ところがその私も、東京にいるときは、カレンダーの暦で暮らしている。仕事のスケジュールなどが、普通のカレンダーの暦でつくられているのだから、それに合わせる他ない。

このふたつの暦は、私にとってはずいぶん質が違っている。二十四節気から私が感じとるものは、自然であり、季節、村での私の仕事や暮らし方、村の様子である。それは、あらかじめ作られている暦なのに、私の一年がつくりだした暦のような気さえする。それに対してカレンダーの暦はまるで私の上に君臨しているような感じで、たえず私を圧迫しつづける。

二十四節気には、暦とともに、つまり時間とともに生きているという充足感があるのに、カレンダーの暦にむかうと、消えていく時間、過ぎ去っていく時間ばかりが感じられて、時間自体のなかに充足感がなくなる。

労働は時間とともに展開する肉体的、精神的な活動である。たとえば、私たちは一日の八時間を労働として活動するように、労働には必ず時間が伴われている。ところがその時間の質はひとつではなく、労働とともに時間をつくりながら生きているという充足感に満ちた時間も、消えていく時間の速さに追い立てられるばかりの時間も現れてくる。

もちろんどんな暮らし方をしていても、人間が時間に追われることはあったに違いない。私の村の暮らしでも、近づいてくる夕暮れに追われながら、その日の畑仕事に精を出すことはしばしばである。だがそれでも、東京の時間＝現代の時間とは何かが違う。村では、自分がつくりだした時間のなかに、忙しく作業をこなさなければいけないときが現れてくるのであって、人間の外に君臨する時間に支配され、管理されるわけではないのだから。

このようなことの背後には、結ばれていく時間と断片化していく時間との違いがあるような気がする。村の時間は、結ばれていく時間である。仕事の時間と暮らしの時間が結ばれ、それは自然の時間や村の一年の時間とも結ばれる。啓蟄になると、虫がでてきて、畑のときが近づき、人間たちの春の暮らしがはじまり、村は次第に春祭りへとむかっていくようにである。この結ばれていく時間のなかに、みずからがつくりだしている「生」がある。

ところが、カレンダーや時計に管理された現代の時間には、このような結びつきが感じられない。仕事は仕事の時間に管理され、それだけで自己完結していまう。つまり断片化しているのである。暮らしの時間はさらに断片化し、それぞれの個の時間として自己完結する傾向をみせている。自然の時間や地域の時間との結びつきも切断されていく。そして、断片化したそれぞれの時間を、カレンダーや時計の時間が管理する。

創造的とは、総合的ということとどこかで関係しているのだと思う。村では創造的な農業をやろうと思えば、自然のことも、村や暮らしのことも知らなければできないように、どんな仕事でもそれがさまざまな領域と結びついているとき、仕事の創造性も生まれる。

私たちは、結ばれていく時間を失ったとき、創造性をも失ったのだと思う。断片化された時間から生まれてくるものは、時間の管理であり、それと同時に私たちは、時間をつくりだしながら生きているという充足感を喪失した。

そして、だから私たちの前には、豊かなのに豊かではないという現実がある。

解読

たとえば今日普及しつつある電気製品に、ＤＶＤレコーダーや薄型テレビがある。すでに購入した人も、検討している人もいるだろう。ところがすでに購入した人もふくめて、大多数の人がこの新しい電気製品に心躍るものを感じていないことには驚かされる。

かつてテレビが普及していくときはそうではなかった。テレビのある暮らしは憧《あこが》れでもあり、それを購入したとき、子どもたちは嬉しさを隠せなかったはずだ。

それは、良い悪いは別にして、テレビが暮らしのなかに入ることに、新しい文明の到来や、発展していく科学、技術、歴史、そしてわが家の暮らしを感じていたからであろう。その感覚が今日ではなくなり、何となく新しい電気製品が普及していく。

このことは、今日の労働の位置を象徴しているようにも思える。かつては、テレビを生産し、番組をつくっている人々は、新しい文明や歴史をつくっているという喜びを感じながら、自分の労働をみつめることができた。だが今日では、市場での競争を勝ち抜くために、新しいものを開発し、生産しているだけのようにみえる。

あるいは、次のように述べることもできる。かつての労働には、「機能」をこえた価値が感じられた。文明の発展、発展していく社会と暮らし。そういうものに包まれながら、個々の労働もまた成立していた。だから商品の購入者も、たとえばテレビのある暮らしに憧れたように、労働を包んでいるものに価値を感じていた。

この労働を包んでいるものが、いまではみえなくなったのである。だから商品も機能を提供するものとしてしかとらえられなくなり、それをつくる労働も、労働という機能にすぎなくなっていった。たとえば、購入者は場所をとらないという機能だけを理由として、薄型テレビを買い、生産者は市場競争に勝利するための機能として、開発や生産にしのぎを削っているように、である。おそらくその背景には、発展という言葉が文化的なものと結びつかなくなり、単なる機能の発展になってしまった、というような現実があるのだろう。テレビが薄型になったからといって、私たちはそこに新しい文化があるとは感じない。せいぜい機能的に便利になったというだけである。この十年くらいの間に、パソコンやインターネットはめざましい発展をとげたが、それもまた新しい機能が提供されたというだけで、新しい文化が生まれていくという喜びはやはり伴われていなかった。

そして発展が機能ばかりになったとき、私たちは発展という言葉に疲れを感じるようにもなった。新しい文化を手にしていく喜びは消え、むしろ新しい機能に追いかけられつづけることに圧迫感さえいだくようになった。身のまわりには、機能さえ十分に使いこなせない電気製品などがたくさんあり、その機能を覚えたら、どんなよいことがあるのかもわからない。文化という装いに包まれることがなくなった裸の機能とは、そんなものである。とすると、新しい機能をつくりつづける労働に、どんな意義があるというのだろう。

購入者の置かれている状況と、それをつくっている生産者の労働の状況は、こうして不幸な同時性を持つようになった。私たちはどうしたらこの状況から抜け出すことができるのか。

労働の問題にかぎらず何かを考えようとするとき、私の思考は、たえず私の暮らす上野村の世界や、ひと昔前の世界に還《かえ》っていく傾向を持っている。それは、昔の世界に戻りたいからではない。たとえ戻りたくても、戻れないのが過去である。それにもかかわらず、私が過去の姿にこだわり、比較的よく過去が保存されている私の村にこだわるのは、ものを考えるときの時間幅を長くとりたいからである。長い時間の幅でものを考えることによって、私たちはどのような歴史をへて、いまのこの現実をつくりだしているのかを知りたいからである。

どういう歴史の流れのなかで、「発展」は喜びや解放感から、疲れや圧迫を感じさせる言葉に変わっていったのか。どのような経過をたどって、労働や消費からそれらを包む文化が消え、機能の追求ばかりになっていったのか。

現実は、歴史のなかで解読される。

第十章　破綻をこえて

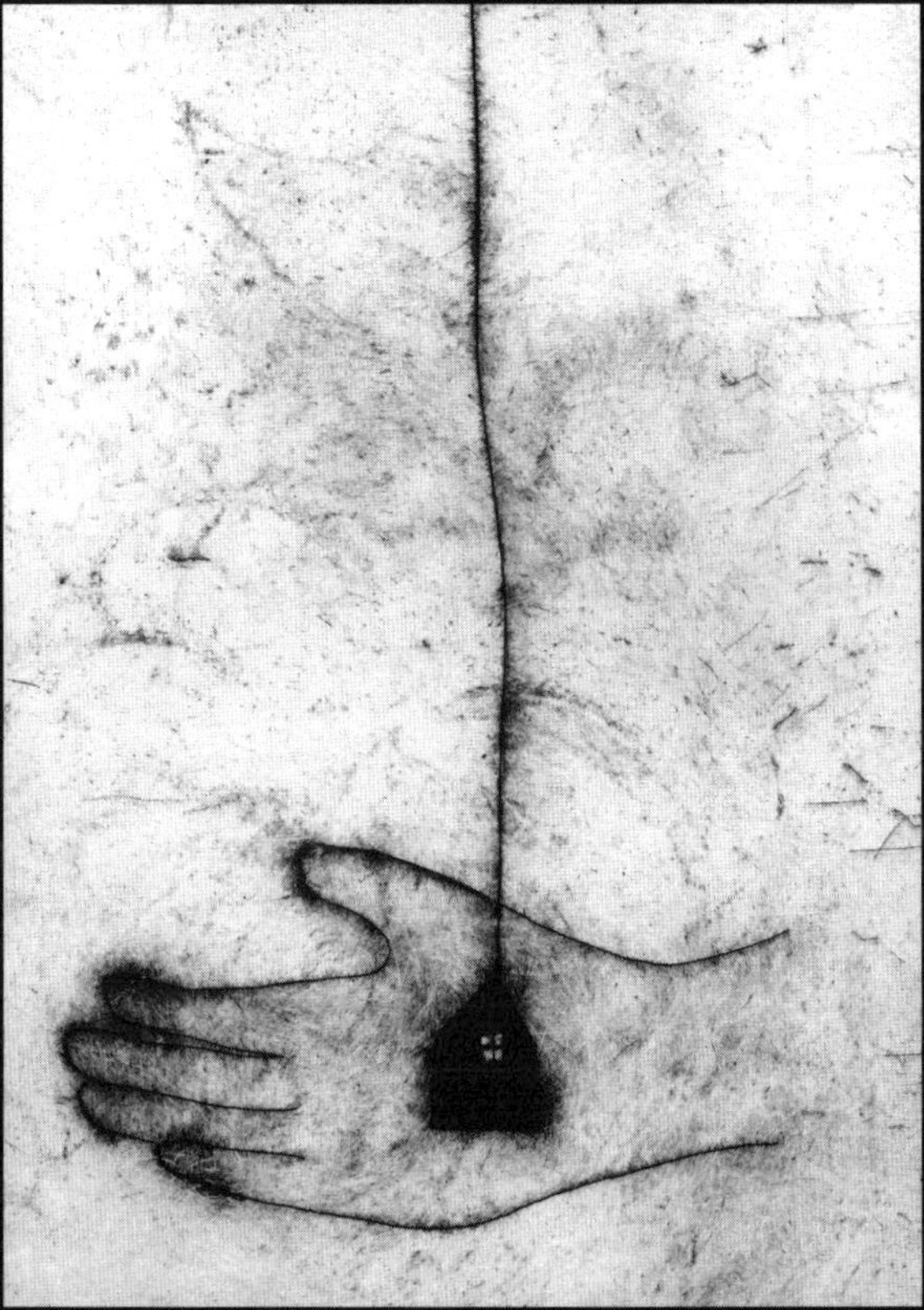

清算

小学生の頃、級友たちは、将来何になりたいかを気軽に話していた。プロ野球の選手、電車の運転手、バスガイド、看護婦さん、先生。そんな職業が多かったように覚えている。ところが私自身は、この会話に率直に入ることはなかった。心からそう思えるような希望の仕事がみつからない、ということもあったけれど、もっと大きな理由は、仕事の選択がその人の人格や、人間性までを決定してしまうのではないかという思いの方にあった。

その頃は、私の暮らす東京・世田谷にはまだ結構畑があって、お百姓さんたちが仕事をする姿がみえた。私は学校の帰り道などで、その仕事ぶりを観察していることがよくあった。たまに私に声をかけてくれるお百姓さんもいて、そんなときは、私はいろいろなことを教えてもらった。作物のこと、道具の使い方、堆肥《たいひ》のつくり方…。お百姓さんたちは、単に農業という仕事をしている人ではなくて、人間としての雰囲気そのものがお百姓さんだった。

ときには近くの大工さんの仕事場を観察していることもあった。鉋《かんな》がけやのみの使い方はみごとだった。そしてここでも、私は、大工さんという雰囲気の人々を感じた。

近所には町工場も少しはあった。そのひとつは四、五人で溶接などをしながら機械をつくっている工場で、ここで働いている人は、いま思えば職人気質の人たちだった。もう一軒は比較的大きな工場で、千人近くの人々が働いていた。この工場の人たちと私は交わることがなかった。朝は黙々と工場に急ぐ人の群れに出会い、夕方は駅にむかう人々がいただけである。

この工場の人たちは、私の家の近所の人々と雰囲気が似ていた。私の家は、サラリーマン家庭がほとんどの住宅地のなかにあって、ここの人たちは、その家族までをふくめて、いかにもサラリーマンといった雰囲気を持っていた。もっとよく観察すれば、お役人さんはお役人さんらしく、大企業のサラリーマンは大企業のサラリーマンらしく、銀行員は銀行員らしく、教師は教師らしいことに気づくのは、さしてむずかしいことではなかった。

仕事は単なる職業選択ではなく、その人の雰囲気や人間性にも大きな影響を与える。とすれば、仕事の選択は、自分がそういうタイプの人間になっていくことを覚悟しておこなわなければいけない。そういう気持ちがあったから、私は、将来何になりたいと気楽に語る気持ちにはなれなかった。

仕事の選択には、ある種の覚悟が必要である。その気持ちはいまでも消えていない。ところが、その覚悟を抜きにして、人々が就職先を探したのが戦後の日本だった。実に多くの人たちが、安定した就職先という基準から自分の仕事を選択した。そして今日では、私たちはその結果として生じた現実にあえいでいるようにみえる。

現在の若者の多くには明らかに、サラリーマンになることへのためらいがある。仕方がないから就職先を探すけれど、かってのような、安定した就職先がみつかれば未来は開けるといった楽観は消え失《う》せている。その理由は、雇用環境の悪化だけにあるのではない。むしろ、サラリーマンになることによって、自分もサラリーマン的人間になるのではないかという不安があるからだと、私は感じている。

社会のことよりも、企業のことを優先する人間。企業内的な序列感覚で人間社会をみる人間。教師の論理でしか社会や人間をみられない教師になることも、そんなすべてのことに、若者たちはためらいを感じている。その結果、自分の仕事を選択できない大量の人々が生まれ、それが社会保障制度の危機をも招きながら、今日の社会をゆるがしはじめた。魅力的な人間になれるような仕事がみつからず、そのことが若者の労働意欲を低下させていく。

仕事の領域での、高度成長期以降の、あるいは戦後の、清算がはじまっているのである。仕事と人間形成との関係を考えず、その覚悟を持たずに仕事を選択した時代が、若者の労働意欲の低下というかたちで終焉《しゅうえん》を迫られている。

私はそれは、厳しいけれど通過しなければならない道なのではないかと思っている。人間と仕事との関係を組み立てなおすために、である。

偉人

いつの頃からか、私たちの社会から「偉い人」がいなくなったような気がする。もちろん組織のなかでは、社長とか首相、知事といった「偉い人」は存在するのだけれど、それも次第に実権を持っている人にすぎなくなってきて、尊敬されているわけでもない。ましてやその組織の外の人々からみれば、尊敬も尊重もする必要のない人である。

かつての社会には、いろいろな「偉い人」がいた。国定忠次は全国的にみればヤクザの親分であっても、群馬では農民を守って代官と闘った「偉い人」であった。そんな偉人伝承が、日本各地にあった。自分を犠牲にして人々のためになる仕事をした人、それほど酬《むく》われることもなく自分の仕事に真面目《まじめ》に取り組んでいる人も、かつての社会は「偉い人」として尊敬した。だから地域には、さまざまな「偉い人」がいた。人々が評価した仕事をしている人々である。

私たちの社会から「偉い人」がいなくなったのは、お互いに仕事を評価しあう基盤がなくなったからなのかもしれない。

たとえば、今日の社会感覚で「職業事典」をつくったら、それぞれの仕事はどんなふうに記載されるだろうか。公務員は、既得権にあぐらをかいて天下り先を確保しながら、自分たちの組織の維持だけをはかっている人、ということになるかもしれない。もちろんこのように記載することは、多くの誤解をはらんでおり、きわめて不十分な解説であることを私も知っている。だが、他人の労働が評価に値しないものにみえるのが、現代という時代なのである。

この感覚で「事典」を書いていけば、企業のサラリーマンは、自分の企業の利益しか考えられない人であろうし、教員は子どもたちにまともな教育もできない無能な人であり、ジャーナリストは正しい報道もできないいいかげんな人…。おそらくこんな解説がつづくことになる。

もちろん今日の労働のなかに多くの問題点があるとしても、他人の労働がこんなふうにしかみえない社会は、さびしい社会である。他人の仕事など誰も尊重していない。そればかりか、すべての仕事が、外からは非難や嘲笑《ちょうしょう》の対象になったかのようである。雨の日も郵便物を配りつづける郵便局の人たちの労働を尊重する気風など全くなくなり、郵便局員を既得権にあぐらをかく公務員に仕立てることによって、つまり他人の労働を非難の対象にして、それを選挙の道具にしたのが日本の小泉首相である。それを改革というのなら、改革とは他人の労働をあざ笑う社会をつくることなのだろうか。しかもそれが支持された。それは、現在の日本の社会のなかに、他人の労働を尊重しない風土が定着してしまっているからなのであろう。

誰もが、自分の労働を他人から尊重されない。そんな時代を私は「誇りなき労働の時代」と呼ぶ。自分の労働を誰も認めてくれないならば、労働に誇りを持つことなどできようはずもないからである。そして誇りなき労働のなかからは、たえず頽廃《たいはい》した労働が生まれ、それがまた人々の非難と嘲笑を高める。

こんな雰囲気が、今日の誇りなき繁栄の時代をつくったのだと思う。自分の仕事に誇りが持てないままに、誰もが、繁栄した社会というムードのなかにのみ込まれていく。

問題は、真面目に働く人たちを尊重しない社会はなぜ生まれたのか、である。

以前にも触れたが、二十世紀中葉の世界の経済政策に大きな影響を与えた経済学者のケインズは、資本主義という経済システムを評価しつつも、この経済システムは必ず人間の頽廃を招くとも述べていた。資本主義はすべての価値をお金で表現する。たったひとつの価値尺度しかないから効率がいい。しかしこのシステムは人々のなかに「貨幣愛」を生みだし、人間の頽廃を招く、と。

ケインズが述べた「貨幣愛」の社会を別の角度から表現すれば、労働の価値がその結果としての貨幣にしかみえず、仕事の過程で生みだされていくものに価値がみいだされなくなった社会のことであろう。土を耕し、物をつくり、郵便物を届ける。こんな労働の過程が私たちの社会を支えている。それが感じられる社会をつくるにはどうしたらよいのか。私の問いの出発点は、このことのなかにある。

分業

今日の社会では、経済活動は全体が有機的に結ばれている。企業はひとつの有機体として経営されているし、その企業同士もさまざまな結びつきを持っている。たとえば部品メーカーがあり、完成品メーカーがある。流通や小売がそれにつながり、広告や宣伝を担う企業もある。さらに表面的には結びつかないようにみえても、それぞれの企業が支払う賃金が市場の購買力を支えているように、市場経済自体が全体としてひとつの有機体であるかのように展開する。

ところが、この経済活動を支えているはずの労働は、切れ切れになって分断されている。

かつては、建設現場で働く人たちをみると、あの人たちの労働が町をつくっていく、という思いをいだく人も多かった。だがいまではどうだろう。コンクリートミキサー車を運転する人は、一年中現場から現場へとコンクリートを運ぶだけで、建物をつくるというよりは配送の仕事をしている。トビ職や大工も、電気工事や配管工事をする職人も、必要なときにその仕事をしては現場を移っていく。つまり、それぞれの切れ切れになった仕事をこなしているばかりで、それらを結んでいるものは経営だったり、経済だったりする。

私はこのような現象を、現代の労働は分業化されているのだから、という一言で片付けてはいけないと思っている。なぜなら、分業というかたちだけならそれは昔からあったからである。

たとえば扇子《せんす》をつくる過程は、はるか以前から細かく分業化されていた。竹を削る人は生涯竹を削っていたし、紙を張る人、絵付けをする人といった具合に、一工程ごとに分業化して生産するのが普通のかたちである。明治時代の中頃まで日本の製鉄の中心だった出雲地方の「たたら製鉄」をみても、山を切り崩す人、その土から砂鉄を採る人、炭を焼く人、「たたら炉」に風を吹き込む人…と、すべてが分業によっておこなわれている。家をつくるときにも大工や左官などの分業があり、その大工の仕事のなかにも、親方から見習いに至る人間構成をとおして分業はおこなわれている。

だが当時の人々は、自分の労働は切れ切れになっているという感覚をいだいていただろうか。私はそんなことはないと思う。それは働く人々が、労働の結びつきによって全体の仕事が成り立つことをたえず実感していたからである。

たとえばヨーロッパ中世の石工たちが残した文章をみると、自分たちの労働が教会をつくり、石橋をつくっていくという思いが、誇りをこめて語られている。この石工たちの建設現場でも、分業はあったはずだ。

今日の問題は、分業というかたちではなく、労働の結びつきが実感できない分業に問題があると私は思っている。労働の結びつきは、工程表や会社の組織図をみて納得するしかなく、自分の労働自体のなかでそれを感じることは少なくなった。

そのとき、労働の作業化という現実が生まれた。労働によって何かをつくりだしているというより、自分が担当する作業をこなすという感覚が大きくなってくる。時間までに作業をこなさなければいけないと思いながら、私たちは追われるように作業をしつづけるようになった。

今日の私たちは心のどこかに、この仕組みから自由になりたいという気持ちを持っている。経済は有機的に結ばれ、労働は切れ切れになって作業化していく。そして作業効率だけが追求され、人間はこの仕組みのなかで疲れはてていく。たとえその代償として、ある種の「繁栄」がもたらされたとしても、このかたちに自分の人生をまかせることに、私たちは飽きはじめた。

とすれば、どうすればよいのか。現在とは、人々がこの問いに対する答えを模索しはじめた時代、その意味で過渡期である。だから、定年後の再就職を希望しない人も、企業で安定的に雇用されることに魅力を感じない若者もふえてくる。職人的な仕事や農業をめざす人も増加し、他方でどうしたらよいのかわからず、立ちすくむ人も生まれてくる。

働く意欲が低下したのではない。労働が経済の手段になり、ときに犠牲になっている現在の仕組みのなかで働くことに意欲がなくなってきたのである。私たちがつかまえなければいけないのは、この過渡期をへて何が生まれるかである。

平　和

上野村では八月に秋野菜の種を播《ま》く。大根、白菜、大蕪《かぶ》、壬生《みぶ》菜、少し遅れて野沢菜、…。そんなときは、これまでの秋野菜のつくり方が頭のなかで甦《よみがえ》る。

以前はお盆前に土をかけなければ、秋野菜は十分には育たないといわれた。種播きを終え、ほっとひと息ついて、村人は旧盆を迎えたものだった。いまでは八月の終わりの方がよくなっている。一時的な気候の変化なのか、それとも人間たちが地球を暖めてしまったからなのか。種を播きながら、先のことも考えている。その後の間引き、草取り。間引きされた野菜は秋の食卓にのぼるだろう。十二月には収穫。以前よりひと月遅くなっている。白菜は荒縄でしばっておけば、春まで畑に残せるようになった。大根は一部を切り干し大根にし、また一部は沢《たく》庵《あん》になる。白菜や大蕪、野沢菜などは樽に漬けられる。さまざまな漬物が、春までの食卓を豊かにする。農業は単なる作業ではなく、過去や近未来と結ばれながらおこなわれる営みである。

そして、それが不安なく展開されていく過程のなかに、土とともに生きる者たちの無事な暮らしと平和の意味がある。無事に仕事をしているという感覚と平和とが結ばれているのである。

私が農業的な仕事のあり方に関心を持つのは、ここにこそ日本の社会に暮らしてきた人々の仕事の原点があると感じるからである。もちろん日本には、農業が営まれる以前の社会も存在した。歴史時間でみれば、そちらの方が長い。といっても、農業がはじまり、用水路網がつくられ、それらと結ばれて村が生まれた以降の社会に私たちは暮らしている。そして農業社会の成立が、逆に非農耕民の生活をも定着させながら、その相互性をも成立させてきた。農的な仕事の世界は、その意味で私たちの社会の出発点になった。

この農業のなかでは、何がおこなわれてきたのだろう。私は、それは「いのち」のやりとりだったのだと思う。畑では作物という「いのち」を育てる。それを実現させるのは、人間の労働であるとともに、自然の力＝自然の「いのち」である。その作物を人間がいただき、自分たちの「いのち」の源にする。過去から未来へと結ばれていく「いのち」の展開を感じながら、農民は土を耕す。だから、自分たちの仕事が無事であることが、「いのち」の展開が無事であることを意味し、人々は「いのち」の無事としての平和を感じとることができた。

こういう感覚が基礎にあるから、かつては手工業者や職人たちも、「いのち」にこだわったのではなかったか。大工さんたちは木の「いのち」を活《い》かす家づくりをした。鍛冶屋さんは金属の「いのち」を、焼物師は土や炎の「いのち」を、作品のなかに保存しようとした。

その「いのち」が、今日の市場経済の社会では感じられなくなった。パソコンに「いのち」の結晶を感じることがあるだろうか。家のなかにある電気製品も、衣類も、食品さえもが、道具であり、何かの手段であり、お金で買うもの以上の何ものでもなくなった。

消費者の態度が変わっただけではない。それをつくりだす仕事の過程からも、「いのち」のやりとりが感じられなくなったのである。生産者たちは、市場をにらみながら、そこで勝てる商品をいかに効率よくつくるかを争うようになった。

そのとき、ものづくりのなかに、無事な営みを感じ平和を感じることができなくなっていったのだと思う。だから、私たちの社会は、無事でも平和でもない。現実に戦争がおこなわれているから、という理由だけではなく、日々の経済活動も仕事も、無事でも平和でもないからである。「いのち」をみつめることを仕事のなかでやめたとき、私たちは無事や平和の原点にあるものを捨ててしまった。

ただし、一度だけ、日本の人々はこの歴史の歯車を止めようと決意したときがある。それが敗戦後の日本であった。このとき人々は、平和な仕事、平和な暮らし、平和な社会を希求し、「いのち」のあり方をみつめた。だがその心情を、高度成長以降の社会が風化させた。その歴史をへて、私たちの気持ちはいま再び、農業などの「いのち」と結ばれた仕事に対する憧《あこが》れを育《はぐく》みはじめている。今日では、土を耕し、作物を育ててみたいと思う人は、驚くほど多い。市場経済のなかで失ったものを、取り戻したくなったのである。

仕事歌

晴れた秋空の下で、北風が吹いている。風はときどき突風のような音をたて、そのたびに紅葉した葉が枝から離れて、空一面に舞う。上野村は晩秋の季節を迎えている。

風の歌と枯葉の舞い。自然はその全体でひとつの自然。そして、風も、木々も、空も鳥も虫も、…そういった個々のものが集まって、このひとつの自然をつくる。個々のものと共同の自然を、分けることはできない。

そんなことを考えながら秋の景色をみていたとき、村でも仕事歌が歌われなくなった、とふと思った。以前の社会には、たくさんの仕事歌があった。農山村では、四、五十年前までは、田植え歌や麦打ち歌といったさまざまな仕事歌が日常の暮らしのなかにあった。それらの多くは、比較的単調な仕事を共同でくり返すときに歌われていたから、単調さや労働の苦しさをまぎらわすためのものといった解釈を、研究者たちは仕事歌に対して与えたものだった。

しかし、それだけが仕事歌を生んだ理由なのだろうか。今日でも、単調な作業を長時間くり返す労働も、肉体を酷使する労働もおこなわれている。だが、そういうときに、仕事歌が歌われることはない。工場やオフィスの労働は結構単調な面を持っているけれど、オフィスや工場でみなが同じ仕事歌を歌いながら仕事をしている光景はみたことがないだろう。むしろ今日では、そんな場面にでくわしたら不気味にさえ感じてしまう。現在の私たちは、仕事歌が生まれない仕事の仕方をしている、ということなのだろう。とすると、その原因はどこにあるのか。私は個人と共同との関係が、仕事のなかでも変わったからではないかと思っている。

今日のオフィスや工場では、多くの人たちが集まって仕事をしている。ところが、個人と共同の関係はゆがんでいるように感じる。なぜなら働く人々の仕事の目的は、たえず個人の側にあって、共同の側にはないからである。もちろん、職場の仲間と一緒に仕事をし、共同で目的を達成することはある。しかしそのときでも、みんなと一緒に実現したという喜びより、そのグループのなかで自分が適切な役割をはたしたとか、若い人を育てながら仕事をしたといった、自分の役割や自分の仕事に対する満足であって、その心情は、自分の収入や地位のために仕事をすることと、さほど変わりはない。

本当は、個人と共同とは分けられないものだと私は思っている。ちょうど自然界では、自分が一本の木であることと、自分が自然の一員であることとが分けられないものであるように。ところが、近代社会はこのことを誤解した。個人が軸になり、個人と個人が関係を結んでいく契約のなかに、私たちの社会をとらえようとした。発想の出発点も終着点も個人であり、個人の自由を実現するために社会はあると考えた。

その発想にもとづいてつくられたのが、今日の労働の世界である。だから共同で仕事がおこなわれていても、出発点も終着点も個人なのである。

かつての仕事歌は、共同の仕事の世界と個人の仕事の世界とが不可分の関係にあったからこそ歌われていたのではなかったか。個人と共同とを結ぶ時空のなかで、人々は仕事歌を歌った。もちろん仕事歌には、一人で口ずさむもののもあった。だがその歌も、自然への祈りや神々への祈りがこめられていて、自分の仕事を支える共同の世界をみつめるように歌われた。

仕事歌は、こんな世界が失われたとき、消えていったのだと思う。今日でも工場などでは、バックミュージックがかかっていることはあるが、それは能率を上げたり、ケガをしにくくするための道具であって、伝統的な仕事歌とはまるで異なる。

戦後の日本では、「人間の労働はどうあるべきか」という議論がつねにあった。しかし、いまではあまりおこなわれていない。それは、この議論を深めようとすると、あまりにも大きなテーマを問う必要性が生じて、人々が戸惑ってしまうからだろうと思う。はたして、近代的個人のあり方に問題はなかったか。それを生みだした近代的な思想体系に欠陥はなかったのか。

そのような大きなテーマを背負っているからこそ、私たちは「労働とは何か」を問いつづけなければならないのだと、私は考えている。

納得

「いまの自分の仕事に満足していますか」と質問されたら、おそらく多くの人たちはあいまいな答え方をするだろう。「もう少し収入が多かったら悪くないんだが」と言う人もいるかもしれない。「時間の余裕を持てないのが問題点としてはあるのですが」とか、「ずっと続けるわけではないので、まあ何とか」とか。つまり、多少の不満を感じながらも、なんとなく納得もしている、そんな感じである。とすると、一体何が納得させているのか。それは私たちの歴史とか風土というような言葉でしか表現できない何か、なのではないかと思う。父母や祖父母もそんなふうに生きてきた、という感情かもしれないし、仕事とはそんなものだよと思わせる何か、なのかもしれない。そういったものに包まれながら働いているから、私たちは自分の仕事に不満があるような、納得しているような気持ちをいだく。

そこに問題点がないわけではない。なぜならこの心情は、ときに労働にかかわる変革を押しとどめる役割をはたすからである。資本主義下の労働が持っている問題点と対決するのではなく、いまの自分の労働を納得してしまう。この心情は、そんな方面で働く可能性がある。

しかし、このような問題点をはらみながらも、労働を包んでいる歴史とか風土といった装置が、人間が働き暮らしていくうえでの安定感を与えているという面も、私たちはみておく必要があるだろう。一面では、人間の労働はいつの時代でも矛盾をかかえこんでいる。資本主義の時代には資本主義特有の矛盾があり、それ以前の社会にもその時代の矛盾があった。もちろん矛盾があるなら、私たちはそれを解決するために努力しなければならないだろう。だが人間たちは、自分が生きている間にその矛盾を解決できるとは限らない。自分たちでできることはしても、未来の歴史にゆだねるしかないのである。

その意味では、人間は矛盾のなかで生きつづける。そしてだからこそ、一方では矛盾を直視しそれと対決しつつも、他方では、どこかで自分の労働を納得させてくれるものが必要になる。そのバランスを維持することによって、私たちは働きつづけることができる。

私がフランスに足を延ばすようになって二十五年ほどがたつ。最初の十年ほどは、パリにいるときは、私はよくベルヴィル地区で時間をつぶした。そこはパリの場末といってもよいし、昔から貧しい労働者街として知られていた。一九八〇年代のベルヴィル地区の住民の中心は、アラブ諸国からきた外国人労働者たちだった。その人たちが、崩れそうなアパートで暮らしていた。街を歩いていても、白人のフランス人にはめったに会わない。そんな街である。

しかし、この街のアラブ人たちには、ある種の落ち着きと活気があった。それは彼らがイスラム的社会や労働組合に組織されていたからでもある。自分たちの手で未来を確実に切り拓《ひら》きつつあるという自負が、彼らにはあった。フランスにきたとき、アラブ人たちは、自分の労働を何となく納得させてくれる歴史や風土を失った。だからそこには、貧しい労働、底辺の労働だけがみえる。そして、労働組合やイスラム社会をつくっていったとき、彼らは、歴史を変革しつつある自分たちという、いまの自分たちを納得させてくれる論理をみつけだした。

ところがフランスの社会は、アラブ人たちのこの世界をも解体しようとした。ベルヴィル地区では古いアパートが強制的に壊され、アラブ人たちは事実上追放された。彼らは仕方なく、パリ郊外の貧しい人でも住める地区を探して去っていった。だが、彼らがそこでみいだしたものは、救いのない現実だけだったのである。

いまの自分の仕事をなんとなく納得させてくれる歴史や風土を失い、歴史を変革するプロセスもみえなくなった。そのときみえるものは、ただただ貧しく、底辺で働き、生きつづける自分たちの姿だけである。その結果が、二〇〇五年のアラブ人の若者を中心にした、絶望的な暴動を招いた。未来を切り拓くための暴動ではなく、やり場のない暴動を。

現代世界の一断面が、ここからもみえている。

風合

かつてまだ外国製品が少なかった頃、それを手にした者たちは、外国製品に「異国の風」を感じた。製品の一つひとつに、日本とは違う発想や生産技術が感じられて、それを使った暮らしに異国の文化を垣間《かいま》見た気分になった。

今日ではすっかり様変わりしている。青果店に行けば輸入野菜はいくらでも売られているけれど、その野菜に「異国の風」を感じることはまずない。木や紙は八割以上が輸入木材からなっているが、紙を使うたびに「異国」を感じる人はいないだろう。百円ショップの商品はしばしば私たちを驚かせたとしても、垣間見えるものは生産国の人件費の安さだけである。

そんなこともふくめて、私たちの世界から、「風合」、「風趣」、「風致」といったことが少なくなったような気がする。「風合」とは肌ざわり、手ざわりのことであり、「風趣」「風致」は、おもむき、あじわいである。

それは今日の物づくりが、機能の提供に特化されてきているからであろう。たとえばパソコンは私たちに様々な機能を提供するが、逆に述べれば、機能以外の何物も提供しない。そうである以上、その機能が提供されていれば、どこでつくってても同じだし、そこでつくられたものという「風合」や「風致」が伴われることもない。

このようなものが、私たちのまわりにはあふれている。そしてそのことが、消費者の価値判断をも変えた。電気製品、自動車、衣類、…、そういったものを購入するときの価値判断は、機能と価格である。そこから機能の差別化がはかられるようになった。たとえば衣類は温かさ、動きやすさといった機能から、それを身につけたときの満足感といったものまでが、その衣類の機能として提供され、商品価値の差別化をもたらす。

このような構造のうえに成り立っている今日の市場経済は、何かが間違っているのではないかという気持ちが私にはする。なぜならこの構造のなかでは、価値の世界から人々の仕事がかすんでしまうからである。人間たちが仕事をして物が生まれる。その背後には、素材を提供する自然の営みがあり、人々が蓄積した技や知恵、技術や知識がある。そして、つくられた物を消費者に届ける人々の仕事がある。そういう仕事のつながりに支えられて、私たちは暮らしているという世界が、これでは彼方にかすんでしまう。

人々の仕事やその背景にある自然の営みが物をつくったのに、私たちはそのことに思いを寄せることなく、商品の機能だけを視野に入れている。

といっても、そうなった責任を、消費者にだけ負わせるわけにはいかないだろう。なぜなら、今日では、つくられたもの自体が機能を生産しているだけであって、自然や人間が生みだしたものという「風合」や「風趣」を備えていないからである。こうして、自然や人間が生産しているのに、市場ではそれが消し去られているという社会が生まれた。

そうなってしまう原因は、現代世界が経済によって結ばれてはいても、人間の仕事や自然の営みによって結ばれていないという現実にあるのだと思う。仕事や自然の営みが経済の道具にされていることが、このような状況をつくりだした。

仕事の世界と経済の世界は同じではない。同じ仕事をしていても、経済システムは変わることがあるように、仕事と経済は異なった原理で動いている。たとえば農民が土を耕し、作物を育てるという同じ仕事をしていても、農産物をめぐる経済のかたちは、一般的な市場経済によって担われることも、産直などの別の経済のかたちを成立させることもあるように、である。とともに、仕事と経済の関係も以前までは、自然や人間の仕事がまずあり、そのうえに経済が成り立つという関係だった。この関係がいつの間にか逆転し、いまではまず経済があり、その道具として仕事がある関係になった。

自然や人間が営んできた仕事の世界をみつめながら物を購入し、暮らす社会をつくらなければいけないと私は思っている。自然の営みや人間の労働に包まれて私たちは暮らしていると、本気で言える社会を私はつくりたい。

観念

「観念」というものは、ときに私たちの社会に大きな影響を与える。たとえば戦後のある時期までは、欧米に追いつくことが目標であるかの観念が日本にはひろがっていた。それが私たちを刺激し、今日の経済社会をつくりだす大きな要素になった。

ところが不思議なことに、社会に広く定着している観念は多くの場合、深い考察をへずに何となく流布されているものが多いのである。戦後の日本でも、欧米とはどんな社会なのかを私たちはよく知らないままに、それを目標にしていた。自然や歴史、風土の異なる地域に暮らす人間たちが、その風土を捨てて、よその国のようになることが幸せな道なのかという検討もおこなわれてはいなかった。誰もがそう言うから誰もがそう思っていただけなのに、その観念はときに社会を大きく動かしてしまう。

日本人は集団主義、欧米の人は個人主義という多くの人たちが信じてきた観念も、そんなもののひとつではなかったかと思う。一時はその証拠として、海外旅行をするときも日本人は団体旅行、欧米の人は個人旅行というようなことまでが語られた。そんなものは、国際的な言語を持つ人たちと、日本語のように日本以外ではほとんど通じない言語を持つ人との旅行スタイルの必然的な違いにすぎないというのに。それに私の経験からすれば、日本人よりもアメリカ人の方が団体旅行を好んでいるような気がするのに、である。

この観念は、多分次のようなことを誤解したために生まれたのであろう。かつて日本の多くの人たちが暮らしていた農村社会では、個人の利益を守るためにも集団で事に当たる必要性のあるものがたくさんあった。たとえば水田はその代表的なもので、自分の水田を安定的に営むためには、集団的な水路管理が欠かせなかった。標高差が激しい日本では、季節や気温の変化も場所場所によって違うから、田植えも暖かい地域から一軒ずつ集団で終えていくほうが効果的だった。それに、台風や地震、噴火といった自然災害から自分を守るためにも、集団で治水対策をほどこし、集団で壊れた道をなおしたりする必要があった。

そういったことが、個人の労働や生活を守るためにも、いろいろなことに集団で対処できる体制の維持が重要だと考える観念を定着させたのである。それは単純な集団主義ではなく、個人の目的を実現させるためには集団の支えが必要であるという考え方であった。他者との関係がうまくいかなければ、自分個人もうまくいかないという考えを生みだしたのである。

この心情は、今日の私たちのなかにも残っている。だから、たとえば議論をするときでも、自分の意見が正しいと思っていても、それを主張しすぎるあまり誰かが傷つくことを恐れる。それが自分の意見をはっきり言わない日本人、というように受け取られたのだけれど、それはむしろ、自己と他者との関係を守ろうとする気持ちから出たものであった。

仕事のなかでも、私たちは他者との関係がうまくいくとき、自分の仕事もうまくいくという心情をいまでも持っている。だから職場や顧客との信頼関係の構築を重視する。決して、まず集団ありきという発想を持っているわけではないのである。

ところが、最近では、この伝統的な個人と集団についての考え方がこわれはじめている。それを促したのが、経済のグローバル化であった。日本の企業が欧米やアジアの社会で経済活動を展開させたとき、日本的な心情は日本の外では通用しないことに私たちは気づかざるを得なかったのである。比較的日本と似た精神風土を持っている東南アジアなどは別にして、日本の外では裸の個人が闘いつづけるかのような労働風土がひろがっていた。

今日の私たちの社会は、この現実を前にして戸惑っているようにみえる。一方では裸の個人が闘いつづける労働風土を、日本にも導入しようとする動きがひろがっている。それが自分の利益のためには他者を顧みない社会をつくり、そのしわよせを受けた弱者をつくりつづける。そして他方では、日本的な個人と他者との関係を肯定的にみなおそうとする動きもひろがり、その二つの動きが社会の奥では対立している。日本の労働風土の方向性が、これからの社会のあり方をかけて問われているのである。

百年

いまから五年ほど前の、ちょうど二十世紀が終わろうとする頃、群馬県の「新総合計画」である「二十一世紀プラン」の策定に加わっていたことがあった。「新総合計画」は、普通は五年に一度つくられる。ところが群馬県ではこのとき、百年計画をつくることにした。短い時間幅で将来を考えるのではなく、遠い未来を見据えながら考えてみよう、という発想である。といっても、百年後は、かすんでしまうほど先のことではない。おおよそ、いま生まれた子や孫が高齢者になる頃のこと、と考えればよい。

面白かったのは、五年計画が百年計画に移行したとたん、基本的な発想が変わったことである。五年計画だとどうしても「つくる」計画になる。今日なら高度情報化社会をつくるとか、先端産業を育成する、高速交通網を整備する、環境や弱者にやさしい風土をつくる、といったことである。ところが百年計画になると、「つくる」ことのほとんどが意味を失ってしまった。

なぜなら、百年後に情報がどのようなかたちで伝達されているのかも、主要な交通手段が何になっているのかも誰にもわからないからである。それればかりか、情報という概念や、移動という概念自体が変わってしまっているかもしれない。今日の先端産業など、百年後には本や映像でしかみられないものになっているだろう。現在の発想で何かをつくってみても、おそらく百年後には意味がなくなっている。このような議論をへて、「二十一世紀プラン」は、「つくる」計画から「残す」計画へと変わった。百年後の人々が破綻なく暮らしていけるようにするには、何を残しておかなければいけないかが計画の中心になったのである。

自然とともに暮らす風土を残す。地域のコミュニティーを残す。暮らしをつくる手仕事を残す。…。もちろん「残す」ためには、再生しなければ残せないものもたくさんある。

こんなふうに考えていったとき、私たちは「仕事」について何を残すべきなのだろうか。「二十一世紀プラン」には、産業政策として次のふたつのことだけが書かれている。

ひとつは農業、林業などの一次産業は守り、残すということである。たとえ百年後がどんな社会になっていたとしても、農業などの一次産業が荒廃していれば、その時代の人々が幸せに安心して暮らせるとは思えない。

もうひとつは次のようなことである。日本の近代化がすすんでからは、人々が真面目《まじめ》に働けば働くほど、自然や環境がこわれ、地域社会がこわれ、ときに家族の関係までがこわれるという現実が進行した。これは私たちにとっての悲劇である。ゆえに、私たちがどんな働き方、仕事のシステムをつくったら、真面目に働けば働くほど自然や環境が守られ、地域社会が活き活《い》きとした社会になり、豊かさが感じられるような家族が生まれていくのか。そういう働き方をみつけだすことが、これからの群馬の産業、労働政策の基本にならなければならない、と。

労働は無事な世界をつくる基盤でなければいけないのだと私は思っている。農民が作物をつくり、職人が物をつくり、商人が商いをする。それらの労働によって、無事な世界がつくられていく。こんなイメージの延長線上に現代世界もつくられていたら、私たちの社会はどれほど良質になっていたことだろう。

しかし、いまの現実は違う。むしろ人間の労働が、大事なものをこわす方向で作用している。そんな労働があまりにも多くなった。真面目に働くことによって、たとえば収入がふえるといったかたちで個人は満たされることはあっても、社会としてはこわれていくものが多い。この構造のなかにまき込まれていることが、現代労働の悲劇なのである。

そうなってしまう原因は、現代の私たちの仕事がさまざまな「権力」とでもいうべきものとどこかで結びついているからなのかもしれない。市場競争とは、市場での権力を確保しようとする争いである。出世とは組織内での自分の権力を高めようとすることであり、いまではお金自体がひとつの権力として機能している。

とすると、このようなさまざまな「権力」と結びついたとき、私たちの労働は、無事な社会の基盤ではなくなったのかもしれない。

模索

「労働とは何か」。この問いに対して、私たちの社会はいくつかの答えを用意してきた。「生活の手段」、「生きがい」、「社会への貢献」、「自分のやりたいことの追求」、…。実際には、そのいくつかの答えをあわせ持ちながら、私たちは働いてきた。

戦後の歴史をみると、敗戦直後の数年間は、まずは働くことによって自分の生活を再建するのが急務だった。といっても、人々は「生活の手段」ということだけに労働の価値をおいていたわけではなかった。経済や技術を発展させながら、新しい社会づくりに貢献するという思いを、戦後の人たちは同時に持っていたからである。

そんな時代を経過して、日本の戦後史は一九五六年にはじまる高度成長を経験し、「先進国クラブ」の仲間入りをしていく。誰もが経済的には豊かになったと感じた。だがそれと引き換えに、私たちの労働はいろいろな矛盾に直面するようになる。第一に自然や環境がこわれていく様を目にしなければならなかった。第二に農村の衰弱と都市の巨大化や住宅地の拡大は、地域社会を破綻に追いこんだ。さらに第三の問題として、経済や技術の発展が、本当に社会に貢献しているのだろうかという疑問も芽生えてくる。そして気がつくと、第四に、私たちは時間に追いかけられるばかりの日々を送っていた。私たちは、この変化のなかで、あらためて「労働とは何か」を問いかけなければならなくなったのである。そのとき、私たちは、労働に対するこれまでの価値意識がことごとく破綻している現実に気づかざるをえなかった。

たとえば「労働は生活の手段」という発想はどうなったのだろうか。もちろん、いつの時代でも、労働が生活を支えているという一面を無視することはできない。しかし「生活のため」という論理だけでつき進んでしまうと、自然や環境、地域などをこわしながら、自分の生活だけを大事にして、ついにはその生活さえゆとりのないものにしてしまったこれまでの経過をくり返すことになってしまう。「労働は生きがい」とか、「自分のやりたいことを追求するのが労働」といった発想も、また壁につき当たっているように感じる。なぜなら労働によって自分の世界を追求するあまり、それが社会にどのようなマイナスを与えているかがわからない状況を、今日の社会はつくりだしているからである。それは、たとえばバブル時代を創造した人々の「生きがい」が、多くの人々に迷惑をかけたばかりでなく、その後の、自分だけが「勝ち組」をめざす経済風土とももつながっていることをみてもわかる。

「労働は社会への貢献」という発想もまた同様であろう。なぜなら自分の労働が社会に貢献していると思っていても、他の人からみれば、その労働は社会をこわしているようにみえるといった状況がひろがっているのだから。こうした現実のなかで、今日の人々は、真面目《まじめ》に考えれば考えるほど「何のために働くのか」がわからなくなっていく。それが労働意欲を低下させながら、他者の労働に対する不信感ばかりが高まる今日をつくりだした。

私たちはいま、この壁を越えなければいけないのだと思う。「労働とは何か」、「働く価値はどこにあるのか」という問いに対する、新しい答えをつくりださなければいけない。

おそらくその答えは、労働と他者との結びつきを考察しなおすところから、みつけだすしかないという気がする。自然という他者と人間の労働との結びつき。他の人々、地域、そして世界の人々という他者との結びつきはどうなっているのか。歴史、文化といった他者とは、…。

労働は、さまざまな他者との結節点でおこなわれている行為である。ところが自分たちの利益や、効率性、市場での競争といった目の前のことに追われてしまうと、自分の労働とさまざまな他者との結びつきを考える想像力がなくなってしまう。

といっても、私は現在の状況にそれほど悲観しているわけではない。気が付いてみると、私のまわりにも、労働と他者との関係をつむぎなおそうとしてさまざまな試みをしている人々がたくさんいる。市場経済の猛威やグローバル化の圧力に抗しながら、労働の再創造をとおして、新しい思想をつくろうとしている人々。これまでの労働の価値観が崩れていくなかで、新しい模索ははじまっている。

錯　覚

かつて人々は、「仕事」という言葉に希望を感じとっていた。人間の労働が積み重なって、明るい未来が築かれていくだろう。子どもたちは、自分が仕事をするようになる日を夢見ていたはずだ。

ところが今日ではそうでもない。経済の発展は、自然や環境、地域や文化をこわしつづけているようにも感じる。すべてのものが商品化されつづける。企業自体も商品として売買され、子どもたちの遊びさえ、ゲームソフトのような商品を購入しなければ成立しない時代。携帯電話やインターネットという商品がないと、コミュニケーションさえ成り立たない。そしてそうなればなるほど、より大きな商品を購入できる人が力をつけていく。たとえば企業という商品を買収できる人間が力のある支配者だということを、いまほどみせつけた時代はない。

そんな時代のなかでは、私たちもまたより多くの商品購入者になることに追われつづける。

それが忙しさを増加させ、購入した商品を使う時間さえないという現実が私たちの前にはある。一人ひとりの人間にとっても、仕事をすることは希望から鬱陶《うっとう》しさに変わりはじめた。私はこんな仕事をしているのですと言っても、誰も尊敬も尊重もしてくれない。その意味で仕事は孤独な営みになり、それでいて何のために必要なのかわからない市場競争に追いたてられる。この現実は当然のように、仕事に希望をみいだせない人々を社会に堆積していく。

私たちはなぜ仕事や労働について問わなければいけないのか。それは、仕事や労働をめぐる状況が、私たちの生き方や存在のあり方から社会のかたちまでをつくりだしているからだ。

この本のはじめに、私は、「戦争という仕事」をとりあげた。現在ではつねに、世界のどこかで戦争がおこなわれている。そして、その戦争を仕事にしている人たちがいる。自分の行く手を阻むものを破壊しながら、占領地を拡大していく仕事。といっても今日ではそれは、異端の仕事ではない。なぜなら、競争相手を倒し、自己の支配圏を拡大していく戦いは、市場のなかで日常的におこなわれていることであり、この市場での戦争をソフトな戦争というなら、戦地での戦争はハードな戦争にすぎないからである。こう考えるなら、私たちはたえずソフトな戦争のなかで仕事をしていて、だからこそハードな戦争に対しても一定の理解を示す心情を持ってしまうのである。

ハードな戦争では、戦場となった地域に大きな破壊がもたらされるが、市場を介したソフトな戦争でも、それは自然や地域、あるいは人間の精神のなかの多くのものを破壊してきた。

この仕事の状況のなかに現代世界がある、といってもよいだろう。そして、そのなかに身を置いて生きる人間の状況が。

また次のようにも考えることができる。現代の経済社会は、人々をある種の錯覚に陥らせることによって成り立っている。受験競争のなかに巻きこむことが将来の子どもの幸せにつながるかどうかわからないのに、大人たちの錯覚が強大な教育産業市場を生みだす。より多くの物を所有することによって幸せになれるという錯覚。健康でありつづけなければいけないという錯覚が、さまざまな健康グッズや健康産業をつくりだす。そしてここにも、錯覚を与えることによって市場を創出する仕事をしている人々がいる。

そんな時代が生みだした政治が、今日のデマゴーグの政治である。デマゴーグの政治とは、民衆を煽動《せんどう》し錯覚に陥らせながら、そのことによって自分の権力基盤を強固にしていく政治の手法のことだけれど、今日の先進国では大なり小なりデマゴーグたちが跋扈《ばっこ》している。ところが、錯覚の創出という虚像のなかに自分たちの仕事をつくっている私たちの社会は、デマゴーグたちがおこなう政治という仕事を根本から否定することもできないでいる。

私たちの仕事はどうあったらよいのか。現在ほどそれを問い直さなければならない時代はないだろう。仕事が頽廃《たいはい》していくなら、人間も社会も頽廃してしまうだろう。逆に述べれば、働き、生きるという人間の生命活動の根本のところで、私たちが新しい可能性をみつけだしたとき、社会は頽廃の時代を超えていくのだと思う。

春

十二月に入って早々と訪れた寒波が、町も村もすっかり冷えこませてしまった。多少陽《ひ》がさしたくらいでは、この寒さからは解放されそうもない。

といっても、この寒さがあるから、私たちは暖かな春を迎えることができる。森からも大地からも、春の香りがわきたつ季節を。

そんな気持ちになるのも、この本のなかでみてきた仕事や労働の状況と、今年の冬の様子との間に、私がある種の共通性を感じているからなのかもしれない。近代的な世界が形成されたとき、人々の多くはそこに春の訪れを感じた。自然科学や社会科学は、すべての真理を明らかにしていくように感じられた。経済の発展は人間たちの暮らしを豊かにし、近代的な市民社会は個性豊かな人間をつくっていくように思われた。一人ひとりの人間が主役になる豊かな社会のはじまりを、人々は近代世界の形成のなかにみいだそうとした。

近代という春の訪れは、やがて夏となり、歴史は市場経済の活況と多消費社会を生みだすようになる。しかし、それが燃え上がっていた頃、私たちは秋風をも感じはじめていた。自然の破壊や、自然からの資源の掠奪《りゃくだつ》のうえに成り立っている「活況」は、いつまでつづくのだろうかという思いが、人々の頭をよぎりはじめた。余裕のない働き方、ゆとりのない暮らし、特徴を失っていく地域社会、個性豊かになるどころか均一化していく人間たち。そういったものが、近代的世界が生みだした結果としてみえはじめた。

そして訪れた冬。職場でも、地域でも、家のなかでも、笑い声が極端に少なくなった。そればかりか、笑いもまた商品化されてテレビの画像から虚《うつ》ろに流れてくる。経済は上向いてきたといわれても、労働は不安なままだ。高度成長期に確立された日本型雇用システムは崩れ、人々は希望がない状態で、ときに企業からしめ出されるように、ときに自発的に、職場から去っていく。日本の人たちが大事にしてきた、収入のため以上の労働の価値がみつけだしにくくなった。忙しく働いているのに、何のために働いているのかがわからない。

近代以降の時代が形成してきた、労働についての根本的な合意が崩れていく。そんな冬の時代に、いま私たちの労働はたっている。

自分たちの前に簡単には越えられない壁が立っていると感じたとき、かつての日本の人々は「自然」のなかに解決のいとぐちをみいだそうとした。自然はなぜ永遠でありつづけることができるのか。そのことのなかに、人間もまた気付かなければいけない重要なヒントがあるような気がしたのである。

　振り返ってみると、私のこの一年もそんな感じだった。「日本思想」の考察を深めること、とりわけ自然についての日本の思想を検証しなおすことが、今年の私のもうひとつのテーマでもあった。その過程で問題にしていたのは、日本における村の人々の思想と都市の人々の思想とのくい違いである。

　村で暮らした人々は、自然のなかに、自分たちが到達したい永遠の価値をみいだしていた。土を耕し、自然とともに生きながら、人間としての「おのずから」の生き方を発見しようと努めた。「おのずから」の生き方から逸脱しない「みずから」の生き方が、人間としての理想だったのである。そのとき「おのずから」のままに存在し、それが「みずから」のあり方でもありつづける自然の姿のなかに、人々は永遠を感じた。

　それが労働のあり方にも影響を与えた。自然や作物の生命の「おのずから」に背かないように農業をする。村の「おのずから」を大事にして、人間同士の結びつきを考える。そしてそこから、結《ゆい》＝共同労働や助け合い、祭りや行事といった様々な仕事が生みだされていく。

　私の暮らす上野村は、今日でもそんな雰囲気が残っている村である。

　ところが同じ日本でも、都市の人々の思想はそういうものではなかった。たとえば江戸時代には、儒学、とりわけそのなかの朱子学を基礎にして、自然を人間の外の体系とみなし、人間が利用する対象として自然をとらえる発想が定着する。ここでは自然は永遠の理想ではなく、人間のための道具に代わっていた。

それ以上に都市の思想が生みだそうとしたのは、国家の理論であり権力のあり方であった。国家や権力の存在に合理性を与える思想の確立がめざされた。労働という営みをとおして生きるのではなく、権力というシステムによって合理性を与えられた人間のあり方をみつけだそうとしたのである。そして、だからこそ自然も人間のための手段になった。なぜなら権力は、人間のためのものだからである。

私にはこのことが、今日の労働にも影を落としているような気がしてならない。

現代の労働は、人間の自然の営みというより、その価値をさまざまな「権力」によって裏付けられたものに変わった。たとえば、貨幣＝お金という権力に裏付けられなければ、今日の大半の労働は成り立たないだろう。企業という権力構造を基盤として労働が存在し、情報が権力として機能し、知識もまた権力として社会のなかで展開する。もちろん、政治権力とどこかで結びついた労働もたくさんある。

こうしたさまざま「権力」が、今日の私たちの労働を支える重要な要素になった。ところが、「権力」は他者を支配下におこうとする。自然を支配下におこうとし、貨幣という権力は、お金ではつかむことのできない価値の世界を破壊していく。

こうして、さまざまな「権力」が他者を破壊していく過程に私たちの労働はまきこまれ、労働によって壊されていく自然や人間の世界に私たちは呆然《ぼうぜん》とするようになった。とすると私たちの課題のひとつは、「権力」に支えられて成り立っている今日の労働の一面をどう解消していくかであろう。

自然の世界では、いま「おのずから」冬の営みが展開している。その「おのずから」の先に、自然は「みずから」春をつかむときがくる。それは、人工的な「権力」を持たない自然の力である。

おわりに

本書の刊行を信濃毎日新聞社出版部より提案されたとき、私は書名を『戦争という仕事』にしようと思った。

私たちは、たえず戦争が生みだされる世界のなかに身をおいている。自衛隊が駐留するイラクをはじめとして、いまもさまざまな地域で銃声が聴こえる。戦争は、現代世界が現代世界でありつづける要素のひとつにさえなってしまった。

なぜこのようなかたちができあがってしまっているのだろう。戦争はよいものだと思っている人は少ないはずだ。ほとんどの人々は戦争なき社会を待望している。それなのに、である。

戦争についての考察は、「政治」と「権益」あるいは「資本」の分析をとおしておこなわれるのが、これまでの一般的であった。戦争を生みだす政治体制と、権益を守り拡大しようとする資本の動きである。その両者の結びつきが戦争という現実をつくりだす、と。

実際、ある時期までの戦争は、その原因の99パーセントまでがこの方法で考察できた。植民地の争奪戦、帝国主義戦争しかり、日本のかつてのアジアへの侵略しかり、である。

それに対して、人間の良心や思想、市民社会の成熟が、戦争の抑止力として措定された。戦争に反対する良心や思想にもとづく判断と、その判断からくる行動を認める市民社会、としてたえず政治や資本の動きを監視する市民の存在、それらが戦争を抑止すると考えられてきた。そして、それらを保障するには、言論や思想信条、出版、行動の自由が成立していなければならないと。ここにあったのは、国家、政治、資本と、市民社会、市民、人間が正面から向き合っている構図である。

このような構図にしたがってとらえるなら、現代社会は、完成されたかたちといってもよいほどにこの構図をつくりだしている。言論や思想信条などの自由は、制度としてはかつてないほどに形成されている。もちろん完全な統制下にある国も例外的には存在するが、一定の制約下にある、たとえば中国のような国をみても以前よりは自由であり、インターネットを利用した意見表明もふくめて、社会のあり方は変わってきている。

さらに、少なくとも先進国では、人間たちは自分の良心や思想を制度としてとがめられることはないし、人々は自分の生活と国家との間に距離をおきながら暮らしている。国家、政治、資本というものが、野放しにすれば「悪」をもやりかねない存在であることを誰もが知っている。「国家のため」と言う人ほど自分のために国家を利用しようとしている人であって、国家のことなど何も考えていないのだということも、あたり前のこととして知れわたっている。

皮肉な言い方をすれば、国家のことより今日の自分の遊びのほうが大事というほどに、人々は国家から自立し、社会にはこれでよかったのかと反省の声が聴こえるほどの自由が展開している。それが私たちの暮らす社会の現在の姿である。

問題はこのような社会が、戦争への抑止力を生みだしたかどうかである。そしてこの問題に対する答えは明白である。なぜなら、今日の社会ほど抵抗なく戦争を遂行できる社会はないという現実が、私たちの前にはひろがっているのだから。

日本の政治体制は、ほとんど国内の抵抗を受けることなくイラクに出兵することができた。アメリカはたえず戦争の相手をみつけては、戦争の歴史を継続している。イスラエルは残虐な戦争国家でありつづけている。イギリスはしばしばアメリカの同盟軍として登場し、フランス、ドイツ、イタリアなどのヨーロッパ諸国も、戦場に多くの自国の旗をたててきた。

これらの国々はすべて近代化された国家であり、歴史的経緯からくる相異はあっても、近代的市民社会を成立させている国であり、自由がかなり保障されている国である。近代国家、近代社会の構造は、戦争の抑止力にはならなかった。

情報を集めようと思えばいくらでも集めることができる。何がしかの摩擦は生じるかもしれないが、自分の意志を表明することもできる。仲間をつのってグループをつくることもできる。しかも大多数の人々は戦争を好ましいとは考えず、戦争なき世界をつくるべきだと思っている。そういう状況下にもかかわらず戦争がつづく構造を今日の近代化された国家と社会は持っているのだということ、私はここから現代の戦争についての思考ははじめなければならないと思っている。

私たちの思考回路は、むしろ逆に回転させるべきであろう。それは近代国家と近代的市民社会からなる私たちの社会が戦争をおこなう芽を内包させているという視点であり、そこではたえず非戦や反戦が無力化する構造が展開し、そういうかたちを成立させる背後に近代的な思想があると考える思考回路である。

とすると、この現実はどのような方法によって考察されたらよいのか。そのいとぐちを現代の労働、あるいは仕事のあり方に求めたのが本書であり、その母体となった信濃毎日新聞に掲載『哲学の構造力―「仕事」をめぐって』であった。ゆえに本書の第一章は「戦争という仕事」である。

本書のなかで、私は戦争を否定しきれない現代の労働のあり方をみようとした。現代の労働のなかに「戦争という仕事」と共通する何かがある。その労働は近代的な市民社会との間に親和性を持ち、この土台の上に近代国家がある。さらには現代の労働のかたちと結びついてこそ、私たちの「個」としての存在もそこにある自由も展開する。私が考察しようとしたのは、この全容である。

三十年前、私が最初に刊行した本は『労働過程論ノート』であった。その後、私は労働というものをたえず思考の軸にすえながらも、自然、山村、時間、地域、自由などさまざまなものに関心を寄せてきた。一年の半分は群馬県の山村、上野村で暮らしている。この二十五年ほどは、フランスを日本の比較地として使ってきた。そんな過程をへて、労働や仕事について考察することと、人間、自然、社会、歴史、文化、国家、思想を考察することとは一体的なものとしてとらえなければならないという思いを強めてきた。

労働についての考察を労働という領域だけに閉じこめてしまったのでは、労働それ自体の全容もとらえられなくなる。そんな思いである。

「戦争という仕事」からはじまる本書が、その課題に十分に応えられたとは思っていない。本書はいまの私の思考を表現しただけである。

『労働過程論ノート』からの三十年の間に、私たちの社会はずいぶん頽廃《たいはい》したような気がする。人々は年々、労働に対する情熱を失っているようにみえる。いまでは、仕事の目的は金儲《もう》けだと宣言しても通用する社会がつくられている。人々の労働を尊重しあう空気もなくなった。そして、人間もまた力を失い、絶望する力さえ失った不安な人間として私たちは漂っている。悲しむべきことは、それが近代的諸原理の到達点だったという事実である。この悲しみに立ち向かうところからしか、現代哲学ははじまらない。

連載にあたっては、信濃毎日新聞文化部の工藤信一さんに大変お世話になった。水越渉、丸山貢一両文化部長をはじめとする多くの方々が連載を支えてくださった。出版の労をとってくださった出版部の方々と併せて、心からお礼を申し上げる。

樋勝朋巳さんが、毎週素晴らしい版画を創作してくださった。残念だったのは、そのすべてを収録することがむずかしかったことである。装丁の仕事を引き受けてくれた青木和恵さんにも心からのお礼を申し上げたい。

二〇〇六年九月

著　者

内山節著作一覧（共編著・講演集を含む）

書　　名	発行所	発行年
労働過程論ノート	田畑書店	1976
山里の釣りから	日本経済評論社	1980
存在からの哲学　新しい哲学の時代にむかって	毎日新聞社	1980
戦後日本の労働過程　労働存在の現象学	三一書房	1982
労働の哲学	田畑書店	1982
フランスへのエッセー　贋金づかいの街にて	三一書房	1983
労働過程論ノート（増補版）労働主体の構築のために	田畑書店	1984
哲学の冒険　未来を恐れず、美しく生きるために	毎日新聞社	1985
自然と労働　哲学の旅から　人間選書79	農山漁村文化協会	1986
やまめ物語　自然を考える	現代書館	1986
自然と人間の哲学	岩波書店	1988
情景のなかの労働　労働のなかの二つの関係	有斐閣	1988
〈森林社会学〉宣言　森と社会の共生を求めて	有斐閣	1989
自然・労働・協同社会の理論　新しい関係論をめざして	農山漁村文化協会	1989
続・哲学の冒険　後期1960年代の精神史	毎日新聞社	1990
山里紀行　山里の釣りからII	日本経済評論社	1990
戦後思想の旅から	有斐閣	1992
やませみの鳴く谷	新潮社	1992
時間についての十二章　哲学における時間の問題	岩波書店	1993
森にかよう道　知床から屋久島まで	新潮社	1994
山里の釣りから　同時代ライブラリー212	岩波書店	1995
森の旅　山里の釣りからIII	日本経済評論社	1996
子どもたちの時間　山村から教育をみる	岩波書店	1996
貨幣の思想史　お金について考えた人びと	新潮社	1997
思想としての労働	農山漁村文化協会	1997
自由論　自然と人間のゆらぎの中で	岩波書店	1998
ローカルな思想を創る　脱世界思想の方法	農山漁村文化協会	1998
21世紀ぐんまの教育を考える	群馬県教育委員会	1998
哲学の冒険　生きることの意味を探して	平凡社	1999
市場経済を組み替える	農山漁村文化協会	1999
森の列島(しま)に暮らす　森林ボランティアからの政策提言	コモンズ	2001
里の在処	新潮社	2001
山里のごちそう話　食・詩・風土再考	ふきのとう書房	2003
まちづくりは面白い　地域から人間の生き方・暮らし方を考える	ふきのとう書房	2003
地域の遺伝子をみがく	蒼天社出版	2004
「里」という思想	新潮社	2005
「創造的である」ということ㊤農の営みから　人間選書254	農山漁村文化協会	2006
「創造的である」ということ㊦地域の作法から　人間選書255	農山漁村文化協会	2006

内山　節（うちやま・たかし）

哲学者
立教大学大学院異文化コミュニケーション研究科特任教授
NPO法人「森づくりフォーラム」代表理事
1970年代に渓流釣りでかよった群馬県上野村にすみ
畑をつくり森をたずねて思索する暮らしにはいる
信濃毎日新聞における連載は次のとおり
『哲学の旅から』（1982年9月～84年3月）
『戦後思想の旅から』（1989年10月～91年2月）
『森にかよう道―知床から屋久島まで』（1992年1月～93年12月）
『ゆらぎの中で―現代自由論』（1995年1月～96年12月）
『哲学の予感―20世紀から21世紀へ』（2000年1月～02年3月）
『哲学の構想力―「仕事」をめぐって』（2004年1月～05年12月）
1950年東京生まれ、都立新宿高校卒

戦争という仕事

2006年10月1日　　初版発行

著　者　内山　節
発行所　信濃毎日新聞社
〒380-8546　長野市南県町657
電話（026）236-3377
印刷所　信毎書籍印刷　株式会社
製本所　株式会社　渋谷文泉閣

© Takashi Uchiyama 2006, Printed in Japan
ISBN　4-7840-7032-X　C0036
落丁・乱丁本はお取替えいたします。